富士山 山上×山下 玩一圈

THEME 61

MOOK

富士山 山上×山下 玩一圈

THEME 61

目錄

【住宿】富士居遊推薦

【伴手禮】把富士山打包帶回家

【交通】拜訪富士山的基礎交通

光影私藏, 四季

河口湖每到３月底粉色櫻花陸續綻放

岳南鉄道經典風景與櫻花富士山

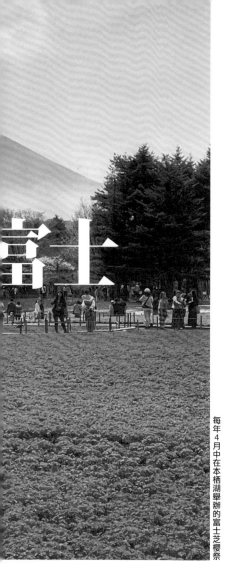

富士

每年 4 月中在本栖湖舉辦的富士芝櫻祭

忍野八海新名庄川畔的櫻花盛開

春 富士山下 櫻花雨

在河口湖畔北岸產屋ヶ崎地區，初春四月時節，湖畔櫻花燦爛時，怎樣拍都美，尤其波平水鏡的初春，還可拍攝到櫻花環抱逆富士，兩廂名景競輝。不過想要品味何為豪奢，富士本栖湖渡假村的富士芝櫻祭，80萬株的針葉天藍繡球環龍神池組合成壯麗的碧彩花毯，觀覽其間，腳下流淌如油彩的豔紅，層次繽紛、氣韻生動，近景是「水不在深、有龍則靈」的龍神池，遠景是端麗的靈山富士，還有什麼地方比起這更有仙氣的呢？天蘭繡球雖不是櫻花，卻更顯磅礴大氣。

傳統上還有新倉山浅間公園與富士山本宮浅間大社兩大賞櫻景點，尤其位於新倉山山腰的浅間公園，拾階而上，視野漸次寬廣，富士、櫻花、五重塔，組合成山徑古城的老式風情，在地質學上歷經百萬年生成的日本精神象徵下，古都情懷獨一無二。另有一處私房景點為忍野八海附近的新名庄川，200顆以上的染井吉野沿岸綻放，四月下旬風起之時一片落英繽紛，站在橋上遠望尚未融雪的富士山麓，腳下是初春的鮮綠與萌黃，好一幅初春野放圖。

忍野村東邊內野地區的水田在陽光下折射出迷魅的光影

太宰治筆下「富士與月見草」的相映景色

山中湖夏季天鵝船

夏季夜晚燈山客的頭灯將富士山登山道點亮

夏 富士登山
微光與汗水的
動人滋味

夏季造訪富士山，除了親自登上山頂享受汗水後的榮耀，在夜晚欣賞富士山夜景也是許多攝影愛好者的定番行程。由於夏天是富士山的登山旺季，即使天色漸暗，也是有大批大批的登山人潮，照明用的頭燈將登山道照得亮亮得，點點亮光沿著登山道爬升的璀璨模樣，從遠處望去彷彿是環繞在富士山腰的彩帶，神秘又美麗。想要看到這景色，可以驅車前往二十曲岬，大約是在清晨大陽爬升之前山腰上的亮點最多。不過夏季水氣較旺盛富士山常常都朦著臉，想要親眼看到多少也得碰碰運氣。

而夏季除了登山夜景外，河口湖畔百花齊放，尤其是紫色的薰衣草，在八木崎公園與大石公園都能看到。特別是大石公園能看到前景薰衣草，中景湖水，遠景富士山，是最能代表富士山夏季的風物美景。

秋 豐收之季
染上一地金黃

空氣漸漸凜冽，富士大地的秋色也俏俏爬上山坡。由於富士山本身的火山砂石地形，五合目以上的植物不多，一年到頭光禿禿地，富士山本身並不會染上金黃秋色；反觀周邊低海拔群山，一片黃綠似錦，以此為前景的山巒遍佈秋黃，襯得後頭的富士山更顯寧靜。若想就近造訪富士的秋天，可以來到河口湖北岸的環湖道路，兩旁樹林換上紅葉，隨處都能拍到絕美照片。

另外，拜自然環境之賜，富士山不僅帶動觀光產業，也帶來不少在地特產，駿河灣的櫻花蝦以好品質馳名海內外。靜岡市清水區富士川河口的「櫻花蝦曝曬場」（えび干し場），只見女工身著笠帽與花布裙，在秋陽下以篩網將櫻花蝦鋪在河床畔曝曬場，雖然是體力活卻甚有汗水下的歡愉動感，豐收的紅與藍天下的白，組合成一幅當代浮世繪。

河口湖人氣波波草配上富士山景成為打卡勝地

鑽石富士

鑽石富士，唯有春秋兩季的兩、三天可以見到，因為角度問題，日出或日落在富士山山頂尖端才算真正的鑽石富士。完美的錐狀體在天光朦朧時僅剩闇暗的輪廓，尖端剎那的光芒萬丈在眾人的引頸企盼下構成山頂壯麗的八角星，空氣中卻是充滿等待與焦躁不安，如果無法同時兼具天時地利人和那就只好明年再戰，是乎鑽石富士變成為攝影愛好者心中定要攻克的城池。山中湖、河口湖、田貫湖這三處是觀測鑽石富士最佳據點，尤其同時兼具逆富士的觀測條件，一箭雙鵰的夢幻雙鑽石富士，是收納富士百變風貌的終極目標。以山中湖為例，周邊共有數十處觀測點，最佳觀測點「平野」周邊唯有10月底與2月才有機會碰到，各觀光協會與攝影愛好者也會計算天體運行與觀測天候狀況，在網站上分享可能的觀測時機與最佳觀測點。

河口湖北側每到秋天一片紅葉染紅天際，晚上點燈另有風情。

秋高氣爽的晴朗午後茶園

從靜岡這側的高山向富士山望去，山霧迷濛十分美麗。

冬季天鵝飛來山中湖過冬，與富士山形成唯美畫面。

隆冬時節滿山雪白

來到滑雪場，以富士山為背景盡情享受滑雪的樂趣。

冬 在富士山咬一口棉花糖海

冬天來到富士地區，猶如誤闖了雪封的國度，眼前樹冰、冰原，一望無際的雪白景致震撼人心。想要欣賞樹冰與富士山的美景，每年冬季可以來到西湖野鳥の森公園裡參加樹冰祭典，巨木細枝上佈滿冰霜，在陽光下閃耀光芒；四周鬆軟白雪無邊無盡，遠方富士冠雪深白，在幻想的雪白國度中欣賞富士，感受冬天風情。

無論是登上富士山麓享受腳下如棉花糖一般的雲海，還是登上富士山四周高地眺望滾滾雲浪間的富士山，秘訣只有一個，就是早起的鳥兒有蟲吃。至於想要拍攝白浪滔滔間的富士山，就屬登上與富士山同樣位於靜岡與山梨縣交界的毛無山最適合，尤其冬日晨起的微光時分，雲量豐沛，天地間浩瀚蒼茫，唯有雲霧湧動不息，靜寂卻又暗潮洶湧。

靜岡市「吉原」地區位處丘陵地，地勢之故常隱身在煙嵐之間，遠山是富士壯麗的錐體，近景是一片山水迷濛，甚有水墨畫的律動感。

富士山
10大
必體驗

富士山麓及周邊是戶外活動的聖地，火山活動所造就的地質特徵是引領人們不斷探索的主要原因。爆發蝕刻出湖泊、堆疊出濕原，峰頂的冠雪浸蝕泉湧出伏流水瀑布，瞬間的岩漿留下嶙峋奇詭的熔岩洞窟。在林野山徑，以露營、健走與洞窟探險拜訪這座沒有圍牆的地質博物館。還覺得不過癮，就面對著富士山大膽駕著飛行傘前行、在富士五湖上駕著獨木舟到無人小島探秘，就盡情在富士山腳下自行光合作用，野放於大自然之中。
就讓我們去冒險吧！

富士山
體驗清單

- ✅ 1. 挑戰登上富士山
- ✅ 2. 山麓輕裝健行
- ✅ 3. 進入樹海岩洞大探險
- ✅ 4. 河口湖划獨木舟
- ✅ 5. 自己操控飛行傘
- ✅ 6. 湖畔露營
- ✅ 7. 參加露營音樂祭
- ✅ 8. 搭乘直升機前進富士山
- ✅ 9. 冬天就是要滑雪
- ✅ 10. 五合目遙拜御來光

建議行程 ①

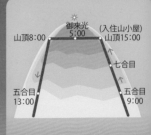

富士山體驗清單 | 01

挑戰登上
富士山

富士山真正開放時間只有短短夏季兩個月，其它時間並非不能登山，但登山道上山小屋、廁所、賣店等皆不開放，是進階、且熟悉富士山路徑的登山者才能挑戰的。一般登山觀光客的登山會集中在7、8月，最晚至9月上旬。按著登山規劃，一步一步踏上夢想的神山吧！

抵達五合目9:00

在山頂迎接
御來光

上午一到五合目便開始爬山，約下午登上山頂的行程。至山頂入住山小屋好好休息一晚，消除登山一整天的疲勞。隔天可以好好睡到日出之前，一早起來看日出，用完早餐後再緩緩下山。

Step 1 決定
登山日期、日程

決定要挑戰富士山登山後，幾點抵達五合目、幾點開始登山、到山小屋、攻頂、看日出、下山等，這些小細節都得要先規劃。主要安排登安行程要注意4大關鍵：體力、時間、金錢與看御來光的地點。初學者最好將時間拉得長一點，安排二天一夜行程，較為合適。

建議行程 ②

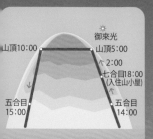

抵達五合目14:00

中途山小屋休息
清晨攻頂

下午來到五合目，趁天黑前來到七合目或八合目的山小屋，好好地休息一晚，清晨2點左右開始攻頂，在山頂看御來光後再下山。由於在登山中途有好好休息，所以此行較不容易患上高山症，也較受登山初學者歡迎。

建議行程 ③

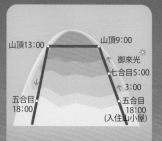

抵達五合目18:00

入宿五合目
半夜登山

傍晚抵達五合目，在五合目好好休息，清晨3點左右開始登山，約至7合目可以停下來欣賞御來光，稍稍休息後再繼續登頂，約中午到達山頂，中午過後準備下山。

建議行程 ④

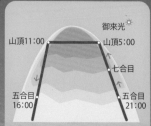

抵達五合目20:00

彈丸登山
最辛苦的行程

晚上8、9點時開始摸黑登山，約清晨5點左右登上山頂，欣賞完御來光後緩步下山。由於並無在山小屋中休息，所以對體力來說是最困難的一種方法。也因為對身體負擔太大，事故頻傳，官方要求登山客能盡量避免選擇此一行程。

2024年起新規定

考量旅客登山安全並避免一日來回登頂的「彈丸登山」，山梨縣政府於2024年推出新規定，在最受初學者歡迎的吉田路線登山口裝上閘門，登山客必須繳納￥2000/人的通行費，每天下午4點至隔日凌晨3點會關閉閘門，僅開放完成山小屋預約的登山客通過，如果當日入山人數達到4000人，也會提早關閉閘門。通行預約可事先在官網登記，未進行通行預約的登山客，吉田登山口每天也會保留1000人的現場入山名額，建議可以先在線上完成通行預約，避免現場人潮過多無法入山。

網址：www.fujisan-climb.jp/index.html

Step 2 準備地圖、了解登山路線

通往富士山頂的熱門登山道有4條，五合目所在地不同，路線的特性、難易度、登頂所需要的時間也都不同。依照自己的體力、實力、整趟旅程的行程順路等，來安排最適合自己的登山路線。針對初學者最受歡迎的登山道是位在山梨縣的吉田口與位在靜岡縣的富士宮口兩條。

登山路線

1

通往山頂最短的路徑

富士宮口登山道

富士宮登山道是四條路線中五合目標高最高的一條，所以這也是通往富士山頂最短的登山路徑。從六合目以上可以眺望駿河灣；路徑雖短但坡度斜，要注意爬得太急可能會患上高山症。

DATA

難易度：★★★

登山口海拔高度：2380 m

高低差：1320 m

所需時間：上山4小時30分
　　　　　下山2小時30分

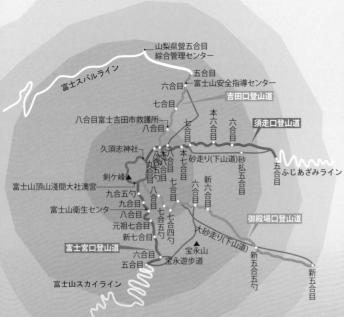

山梨縣營五合目綜合管理センター
富士スバルライン
五合目
六合目
富士山安全指導センター
七合目
吉田口登山道
八合目富士吉田市救護所
本六合目
六合目
八合目
須走口登山道
久須志神社
本七合目
砂走り(下山道)
砂
払五合目
剣ケ峰
八合目
五合目
ふじあざみライン
富士山頂山淺間大社澳宮
本七合目
新六合目
九合五勺
七合目
八合目
富士山衛生センタ
八合目
七合五勺
新六合目
御殿場口登山道
元祖七合目
七合五勺
大砂走り(下山道)
新七合目
富士宮口登山道
九合五勺
六合目
宝永山
五合目
宝永遊步道
新五合五勺
富士山スカイライン
新五合目

登山路線 2

登山路線 3

登山路線 4

登山客較少，沿途綠意滿喫

沿路有許多山小屋
登山初心者也能很安心

適合進階者！高低差距大
考驗登山體力

吉田口登山道

這是條最受大眾歡迎的登山步道。不只與東京首都圈的交通連結便捷，且沿途山小屋、救護站眾多，十分受到初級登山者歡迎。由於十分有人氣，所以在登山期間人潮混雜，容易因人為影響而拉長登山時間。

DATA

難易度：★★

登山口海拔高度：2305 m

高低差：1405m

時間：上山5小時50分
　　　下山4小時05分

須走口登山道

這條路線位在富士山東側，路徑穿越樹林帶，景色優美；只是注意夜間與濃霧時有可能偏離路徑，要小心別迷路。登高至八合目後，登山路徑與吉田登山道合而為一，而下山時的「砂走り」則能盡情奔跑。

DATA

難易度：★★★☆

登山口海拔高度：1970m

高低差：1740m

時間：上山5小時10分
　　　下山2小時40分

御殿場口登山道

路線距離、標高差都是最大的一條路線。路線雖平緩但距離大，沿路能休息的山小屋少，因此登山難度大大提高，登山客也較少，是適合進階登山者的路線。下山時有高低差1000m的「大砂走り」，一口氣衝下山無比爽快。

DATA

難易度：★★★★

登山口海拔高度：1440m

高低差：2260m

時間：上山4小時30分
　　　下山2小時35分

Step 3 搞懂交通方式

一般登山都是從五合目開始。平常車子都能開到五合目，但7~8月登山季人潮混雜時，會限制車輛進入。這時若自駕需要自指定地點換搭巴士。若是從東京都內來到富士山地區，則可在各大車站轉乘巴士。決定登山路線後，也要了解如何銜接交通，以利後續行程的安排。

前往御殿場口登山道

巴士

●富士急行御殿場
御殿場駅←→御殿場新五合目
約30分鐘・單程￥1130　來回￥1900

自駕

●國道138←→23號→富士山スカイライン
御殿場IC←→御殿場口新五合目
約17km・免費
註：無車輛管制

富士登山巴士圖

前往富士宮口登山道

巴士

●富士急靜岡巴士

新富士駅←→富士宮駅←→富士宮口五合目

約2小時15分・單程￥2420

●富士急登山巴士

三島駅←→富士宮口五合目

約2小時10分・單程￥2840

●富士急靜岡巴士

靜岡駅←→富士宮口五合目

約2小時10分・單程￥2030 來回￥3100

自駕

●國道139→富士山スカイライン

新富士IC←→富士宮口五合目

約41km・免費

註：Shuttle Bus
富士山登山繁忙季節時(7~9月)，此路段會實行車輛管制。
自駕者只能開到富士山スカイライン上的水ヶ塚駐車場，將車
停妥後轉搭接駁巴士往五合目前進。
水ヶ塚駐車場：停一次￥1000
接駁巴士：單程￥1320、來回￥2200，單程約40分。電話
0545-71-2495

前往吉田口登山道

巴士

●富士急山梨巴士

富士山駅・河口湖駅←→富士山五合目

約1小時・單程￥1780 來回￥2800

●富士急高速巴士・京王高速巴士

新宿←→富士山五合目

約2小時35分・單程￥3800

自駕

●國道138→富士山スバルライン

河口湖IC←→富士山五合目

約30km・來回￥2060

註：Shuttle Bus
富士山登山繁忙季節時(7~8月)，此路段會實行車輛管制。
自駕者只能到富士山パーキング(富士北麓駐車場)，將車停
妥後轉搭接駁巴士往五合目前進。
富士北麓駐車場：停一次￥1000
接駁巴士：單程￥1440、來回￥1860，單程約45分。電話
0555-72-6877

前往須走口登山道

巴士

●富士急行御殿場

御殿場駅←→須走口五合目

約1小時・單程￥1570 來回￥2400

●富士急湘南巴士

新松田駅←→須走口五合目

約1小時30分・單程￥2100 來回￥3700

自駕

●國道138→ふじあさみライン

御殿場IC←→須走口五合目

約24km・免費

註：Shuttle Bus
富士山登山繁忙季節時(7~9月)，此路段會實行車輛管制。自駕
者只能到須走多用途廣場，將車停妥後轉搭接駁巴士往五合目
前進，此處停車免費。
接駁巴士：單程￥1400、來回￥2100，單程約30分。電話0550-
82-1333

決定好從哪條路線上山以及登山行程後,便可以開始研究是否入住山小屋。除了進階登山者有可能在一天來回外,大多數的人都還是會選擇入住山小屋好好休息、適應氣壓後再攻上山頂。五合目、七合目、八合目都是熱門的住宿地點,依據登山行程有不同的選擇,配合行程,熱門時期在半年至三個月前就要先預約。

基本設施

一般來說,在山小屋過夜並不會太舒適;住客們一同擠在一間大房間內,男女混雜擠著睡,鼾聲、異味等常會是失眠的原因。由於設備十分簡單,與其說是個讓人好好放鬆、睡一覺的地方,倒不如說是個讓人稍稍休息,小睡片刻的場所。另外,山小屋中沒有浴室,建議可以隨身帶著濕紙巾,擦擦手腳比較舒服。

費用與伙食

一般山小屋純住宿的費用大約在¥8,000前後,若有包餐則大約是¥10,000左右。若是遇到週末、例假日的話,費用會再加個1～2千不等。通常山小屋提供的餐點是沒有什麼料的咖哩、飯糰或三明治,可以裹腹。

入住山小屋
Point.1

不使用塑膠袋收納

因為山小屋為多人混住,大家作息不同,若在休息時有人使用塑膠袋整理東西,不時傳來窸窸窣窣的聲響,想必十分令人不快。不只如此,晚上在山小屋也要小心發出聲響以免打擾到別人。

入住山小屋
Point.2

棉被為公用

山上物資運送不易,所以除非棉被有明顯髒污,並不會天天換洗。一般建議穿著外衣入睡,若在意的人可以帶條小毛巾隔著睡,或是攜帶自己的睡袋。

休息站

山小屋除了提供住宿之外，也提供給非住宿旅客用餐休息。只要點了飲料或是食物，便可以進屋休息。另外山小屋門前幾乎都會擺放幾張長椅，登山途中若是想要坐下來休息，不妨以山小屋為目標，努力一下，來到山小屋門前坐著慢慢休息。

小賣店

山小屋在門口會擺上小小攤子，販賣簡單的糖果、巧克力、水、飲料等，但要注意的是，價格會隨著高度上升而跟著變貴。在山頂的礦泉水一瓶要價¥500，若不想多花錢，事先準備好小糖果、充足的水源再上山吧！

廁所

山小屋都會備有廁所，住宿的旅客當然可以自由使用，但若是一般路過的登山客，想使用廁所則需要付¥200～300左右的小費，上山前最好在身邊放些零錢以備不時之需。

參加巴士旅行

不想要自己花心思規劃行程、預約山小屋、注意東注意西的人，很適合付費參加登山行程。從東京有許多巴士旅行的登山行程，通常都是早上從東京出發，中午抵達五合目，開始登山行程，至七、八合目的山小屋過夜，隔天清晨起身攻頂，欣賞御來光。下山後會安排溫泉行程，讓人洗去疲累。不過由於團體行程，需要配合整團的步伐，容易拉長登山時間。

費用：依淡旺季、住宿地點、行程內容不同，價格也有所變動。以東京出發，兩天一夜入住山小屋（大通舖）的行程，價格約落在15,000～25,000左右。

備註：僅列出幾家可參考幾家當地旅行社：

- ・Sunshine Tour 網址：www.sunshinetour.co.jp/fuji/
- ・クラブズーリズム　網址：www.club-t.com
- ・WILLER TRAVEL　網址：travel.willer.co.jp
- ・H.I.S. 網址：www.his-j.com/kokunai/Default.aspx

入住山小屋 Point.3

隨身便利小物：濕紙巾、眼罩、耳塞、潔牙口香糖

由於山小屋中沒有浴室，不但不能洗澡，連刷牙洗臉也很難。這時若有濕紙巾擦擦身體、起床後嚼嚼潔牙口香糖，會感到較舒服。而睡覺時耳塞、眼罩也能幫助隔絕噪音與光源，幫助入眠。

入住山小屋 Point.4

幫自己的鞋做記號

日式房舍在進房前都必需要先脫鞋，在人多時為了避免穿錯鞋子，或是被別人穿走自己的鞋子，脫鞋後可以放些顯眼的東西在鞋裡，比如夾上曬衣夾、裝在特殊鞋袋中……這樣在出發時也能一眼找到鞋，不浪費時間。

要為了登山特地去買登山服，還是用現有的衣服搭配即可登山？富士山即使在盛夏，山頂仍有可能低至0度；怕冷的人、走久了膝蓋會痛的人，根據自己的需求，來添購需要的產品，登山鞋、厚毛襪、雨衣、厚外套、一套睡覺時換穿的長袖內衣和長褲、帽子、手套是必備品，如果發生氧氣不足的高山症現象，可以在沿路山小屋購買攜帶型氧氣罐。

1 保暖衣物

保暖輕量、具快乾加強保暖機能，適合搭配中外層衣物於寒冷環境中穿著，不管穿著禦寒或是入宿山小屋時拿來蓋，皆好使用。搭配上防風防水外套的洋蔥式穿法，覺得熱可脫掉，冷可穿上，十分方便。保暖圓領衫_NT.2280

2 手套

登山有雙好手套，除了在寒冷時防止手指末端凍傷，當遇到巨石或岩坡，需要手腳並用攀過時，也具有雙手的保護作用。選擇防水透氣的材質較佳。刷毛保暖手套_NT.1180

3 長褲

由於富士山氣候不穩定，夜晚氣溫極低，白天穿著短褲搭配壓力褲，夜間登山時仍是建議能再外搭一件輕薄防風、防潑水的長褲。選擇好穿脫的款式，若遇到雨天也能立刻派上用場。抗UV快乾兩截褲_NT.3280

4 毛帽

夜晚的山上氣溫下降得很快，深夜至清晨時分更是寒冷，有了柔軟的毛帽能保護頭部與耳朵不受寒風吹襲，不只保暖又好收納，是夜間到山的必備品。編織保暖帽_NT.1080

5 外套

質地輕巧、防風、防潑水的外套也是保暖必備。可收縮的下擺、袖口更便於身體的大動作，選擇附帽子的形式在小雨中也不怕頭頂淋濕。HV TB兩件式外套_NT.12800

6 帽子

以能遮陽的大圓帽為主。由於登山時會受到陽光直射，紫外線強烈，帽子為必備品之一。最好選擇附有綁繩的帽子，以免山頂風強被吹走。抗UV遮陽帽_NT.1480

1

2

3

4

5

6

7 上衣

山頂紫外線強，山下天氣炎熱，所以可選擇薄長袖的衣物做搭配，到山頂會冷的話再添加外套。防紫外線、吸濕排汗、不易臭的材質為佳。FlashDry長袖快排衣_NT.1880

8 短褲／薄長褲

短褲搭配高機能壓力褲，能讓夏季登山更加輕鬆愉快。若是選擇薄長褲，則以伸縮性高、透氣防水的材質為佳。抗UV快乾短褲_NT.1980

9 背包

登山時選擇質輕防水、與身體貼合、易安定背負的包包為主。若是預計在山小屋過夜，或是考慮到日夜溫差需帶的衣物，大約是25～30L的大小較為適當。28L輕量專業登山背包_NT.4780

10 壓力褲

登山時足部抬上抬下，肌肉的運動拉扯極大，一條好的壓力褲可以輔助腿部、腰部肌肉，幫助運動時的動作更加流暢。FlashDry快排緊身長褲_NT.2880

11 襪子‧登山鞋

防潑水、鞋底抓地力強，筒高能保護腳踝的高筒登山鞋是最好選擇，因為需要長久走路，建議搭配厚長襪，且選擇大半號至一號的鞋。登山前就要穿慣，以免登山時磨破腳而無法走路。女GT中筒輕量登山鞋_NT.5780

必備小物 CHECK LIST

- ☐ 登山鞋
- ☐ 襪子
- ☐ 防寒防水外套
- ☐ 防寒防水長褲
- ☐ 雨衣
- ☐ 遮陽帽／毛帽
- ☐ 手套
- ☐ 登山背包、背包套
- ☐ 頭燈
- ☐ 手電筒
- ☐ 水（約1L以上）
- ☐ 巧克力、緊急食品
- ☐ 毛巾
- ☐ 登山杖
- ☐ 太陽眼鏡
- ☐ 防曬油
- ☐ 口罩
- ☐ 自己的藥品
- ☐ 濕紙巾
- ☐ 百円銅版零錢
- ☐ 攜帶式氧氣瓶

7

8

9

10

11

Step 6 出發！實際攻頂

選好登山路線、擬好行程、了解周邊交通、預約山小屋、登山裝備OK；一切準備萬全後，就是考驗的開始。抱著輕鬆的心情，即使遇到不好的天氣，也不用太過緊張，大多時候爬上雲端反而一片晴朗；反之，山下氣候溫暖，登頂時卻狂風大作的日子也不在少數。放開心胸，數著自己的腳步、呼吸，一步一步攻上令人嚮往的富士之巔吧！

一早來到富士吉田，先來到北口本宮冨士淺間神社參拜，祈求登頂過程一路平安。高大的杉木聳立在通往神社正殿的大道兩旁，顯得十分莊嚴。

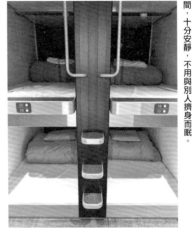

雲上閣的住宿以膠囊式床位為主，男女分開，一個房裡有20張床，但以膠囊式隔出自己的私人空間，十分安靜，不用與別人擠身而眠。

來到五合目，千萬不要錯過知名的富士山造型波羅麵包。在五合園レストハウス裡，成堆伴手禮的深處有個小小的烘焙工房「あまの屋」，這裡天天產出近千個小小富士山，一個要價¥300。剛出爐的麵包外表酥脆，山頂灑上可粉營造出富士山氛圍，是每個登山客的必吃小點心。

半夜摸黑出發，到六合目時天色微亮，此時登山客也三三兩兩現身，一路互相加油打氣。來到七合目的山小屋前擠滿了人人，大多都剛睡醒準備出發。

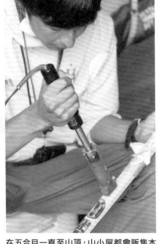

在五合目一直至山頂，山小屋都會販售木製登山杖，稱為「金鋼杖」。使用登山杖爬山是十分方便的，不但更省力也能減少雙腳的負擔。金鋼杖在五合目購買約¥700～800，至山上購買則會漲至¥1000以上。而沿路山小屋皆有烙印的服務，烙一次約¥200～¥300不等，是見証整段登山旅程的最佳紀念品。

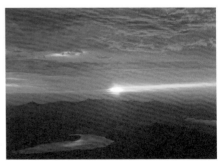

忽略強風和冰凍的空氣，慢慢看著東方變得金黃……遠處山中湖閃閃著點點金光，腳下的雲層與眼前的日光，讓人看得目不轉睛。日出！不但讓我們身體變暖，心裡也變得火熱起來！

恍惚中，看到眼前一座神社鳥居，起初有點莫名其妙，等到登上最後一個段差，才知道，成功了！我們現在站在富士山頂！

回頭眺望，我們已經在雲層之上，周圍稀疏的綠色植物完全消失，只剩光禿禿、焦黑的火山熔岩。一邊走一邊調整呼吸和步伐，讓自己的身體狀況慢慢適應稀薄的空氣和越來越陡的坡。

從吉田、須走登山路線登頂時；入口處立了個「富士山頂上淺間大社奧宮」的立碑，是從這兩條路線登頂成功的人拍照留念的地方。

原本已鬆懈的身體徹底被此一小坡擊潰，走走停停爬了一陣子，來到富士山的三角點3776公尺的劍峰！劍峰上立著一個石柱，上面寫著「日本最高峰富士山劍峰」，眾人忍不住抱著石柱親吻它一下，辛苦登山就是為了這一刻！

到了告別富士山頂的時刻，我們將鞋帶綁緊，準備接下來約4個小時的下山行程。嚴格來說，呈 z 字型的下山路段都是沙坡，左彎右拐延綿不絕，比起上山，下山的行程真的容易多了。

お鉢巡り

繞富士山頂一周的「お鉢巡り」方向，應該是順時針還是逆時針？像這一類繞圓圈祈福的行為最容易聯想到西藏，根據藏人的習慣，祈福必須順時針繞行，如果方向相反，福氣或好運反而會減少。

在富士山頂的お鉢巡同樣也是順時針方向，與佛教的習慣有沒有直接的關聯，就不得而知了。有一種說法是，江戶時代「富士講」盛行的時候，一年只開放短短一個月時間讓信徒登頂祈福，因此一到夏季，往往超過上萬人湧上富士山頂，為了避免意外，才決定繞行方向，以方便管理登山群眾。

但另一個說法是，環繞富士山周圍一共有藥師岳、釋迦岳、阿彌陀岳等八座神山，每座山都有一位守護神，信徒除了在山頂膜拜之外，還要對外圍的這八位神明致敬，而八位神明的順序剛好是順時針繞一圈，因此決定了お鉢巡り的方向。

地圖標示：
剣ヶ峰 富士山氣候觀測站 3776立碑 雷岩 釋迦的裂石 白山岳
馬の背 小内院 久須志ヶ岳
三島ヶ岳 大内院 久須志神社
富士山頂郵便局 虎岩 勢至ヶ窪 吉田口登山道
頂上富士館 頂上淺間大社奧宮 淺間ヶ岳 成就ヶ岳 須走口登山道
駒ヶ岳 朝日ヶ岳 頂上銀明館
富士宮口登山道 御殿場口登山道

\ 久須志神社 /

久須志神社是位在富士山頂，海拔3715公尺的神社。從吉田、須走登山路線登山時就能看到。入口處立了個「富士山頂上淺間大社奧宮」的立碑，是從這兩條路線登頂成功的人拍照留念的地方。

\ 剣峰 /

一般來到富士山頂，還並不是富士山的最高點，必需再登上陡坡「馬の背」來到剣峰，才能夠至3776處親吻刻著「日本最高峰富士山劍峰」的石柱。剣峰上設有富士山特別地域氣象觀測所，目前已是無人觀測站。

\ 頂上淺間大社奧宮 /

富士山頂為靜岡富士宮市內的本宮淺間大社所有。山頂的奧宮是神聖的神之領域，登頂參拜的人不在少數；至今只有夏季開放時才有神職人員進駐，而奧宮的朱印中，更溶入了富士山的岩砂，更添其神聖性質。

\ 富士山頂郵便局 /

時間：7～8月的6:00～14:00
富士山頂郵便局原本隸屬於靜岡富士宮市的郵局，每年只在7～8月的登山季節才開放，這裡並不辦理金融業務，只接受郵務寄送及原創商品（登山証明書、富士山郵票等）的販售。

> **Point** 樹海生態資源豐富且獨特，
> 健行時不要偏離主步道就不用怕迷路囉！

富士山體驗清單｜**02**

進入樹海岩洞 大探險

大概是動漫的影響深植人心，抑或是網路世代的推波助瀾，在搜尋引擎輸入青木原樹海，候選第一名是「自殺」。其實青木原樹海佔地廣袤，健行步道外未開發之地因為通訊不佳、人跡罕至，林相又單一，確實容易迷路。其中又因火山地形造就各型各態的洞窟，從岩漿吞噬巨木凝結而成的胎內樹型穴，到天然冷藏庫的熔岩冰穴，洞穴的造型、質地到內部生態皆是獨一無二，堪稱青木原樹海裡的「穴場」。

ver. 1 青木ヶ原 樹海遊步道

青木原樹海坐落富士山西北山麓，佔地三千頃，常綠針葉樹和苔蘚細密覆生在千年前噴發出的熔岩層上，樹根虯結盤附於地，形成奇幻詭麗的異世界。除卻「自殺聖地」的污名，青木原樹海也是個沒有圍牆的地質與生態博物館，健行與探險行程深受遊客喜愛。

樹海長在火山熔岩上，遊步道旁不時可以看到巨大洞穴，石頭上巨木爬根蔓布，原來樹海裡面是長這樣啊！

進入地底下近距離觀察熔岩地形，感受樹海同窟的迫力。運氣好還能夠看到蝙蝠在洞內休息哦！

以西湖蝙蝠穴為起點，參觀洞窟前先到資料館中了解樹海的生態與歷史。

老朽的樹木倒塌後化為大地的養分，滋養了新的樹木與其它植物生長。滿布的青苔就像綠戎戎的地氈，在陽光下閃閃發亮。

由專業嚮導帶領進入樹海

如果不放心自己進入樹海，也可以參加行程，由專業嚮導帶領一同進行樹海巡禮。

· Outback Adventure Tours

地址：山梨縣南都留郡富士河口湖町小立4885

電話：0555-20-9266

費用：樹海洞穴行程￥6600

網址：outback-e.com

青木ヶ原
樹海遊步道

區間：西湖蝙蝠穴～西湖野鳥之森～富岳風穴～鳴沢氷穴～紅葉台入口

距離：西湖蝙蝠穴～西湖療癒之里根場 約2公里

進行時間：西湖蝙蝠穴～西湖療癒之里根場 約50分（單程）

交通：可於河口湖駅前搭乘西湖周遊巴士（綠線），到西湖蝙蝠穴（西湖コウモリ穴）約35分鐘，沿路各站皆可當作健行的起迄點。回程在西湖療癒之里根場（西湖いやしの里根場）站搭乘西湖周遊巴士即可回到車站。

火山還造就了各種熔岩洞窟，隱藏在彷彿無窮盡的樹海中。其中又以西湖蝙蝠穴、富岳風穴與鳴沢　穴最有可觀。雖是這裡的洞穴是西元864年富士山一側的長尾山爆發所造成的熔岩洞穴，還算很「青春」，但其中地質與生態系統別無分號，海內外往來的學者與觀光客絡繹不絕，每年盛夏時節洞內甚至會有「塞車」的狀況。

1 西湖蝙蝠穴

交通：河口湖駅前搭乘西湖・青木ヶ原周遊巴士，至「西湖コウモリ穴」站下車即達
地址：山梨縣南都留郡富士河口湖町西湖2068
電話：0555-82-3111
時間：3月20日~11月30日的9:00~17:00
費用：大人(國中以上)¥350，國小以下¥200

熔岩鐘乳石
熔岩室
珪藻土線　保護區域
繩狀熔岩
出入口

青木ヶ原熔岩洞穴中最大的「西湖蝙蝠穴」總長有350公尺，洞穴內部因為火山熔岩噴發時與湖水交錯所產生的瓦斯氣體，而形成上下相通的洞穴、熔岩鍾乳石與繩狀熔岩等特殊地質，而這許多複雜的支洞也讓洞內有如迷宮一般左彎右拐；目前開放的部份，地型雖然大致平坦，但洞頂凹凸不平，要小心頭部碰撞。因為洞內的溫度不同於一般地底洞窟，這裡終年溫暖，所以在從前有許多蝙蝠棲息於此，這裡也才有「蝙蝠穴」的名稱。由於環境開發，蝙蝠數量漸漸變少，現在洞內一隅也設了門欄隔出保育空間，更在冬季時停止開放參觀，以免打擾到正在冬眠的蝙蝠。

② 富岳風穴

交通：河口湖駅前搭乘西湖・青木ヶ原周遊巴士・至「富岳風穴」站下車即達
地址：山梨縣南都留郡富士河口湖町西湖青木ヶ原2068-1
電話：0555-85-2300
時間：4月1日～10月15日的9:00~17:00，詳洽官網
費用：大人(國中以上)¥350，國小以下¥200
網址：www.mtfuji-cave.com/contents/wind_cave/

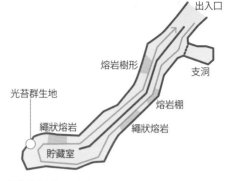

黃長型的洞穴卻透風而毫不滯悶，這是因為富岳風穴主要由玄武岩構成，其中有縫隙讓風穿過，又尤其玄武岩有吸音效果，所以在裡面說話是不會有回音的。往下鑽進狹長低矮的洞穴裡，沿途可見冰柱、熔岩棚、繩狀熔岩、熔岩池與樹型熔岩等各種地質型態，全年平均溫度攝氏3度，在過去作為儲藏蠶繭之地，而今除了復原當時情況供展示之用，日本林務局也利用富岳風穴內保存日本各地的杉、檜、柚木與松樹種子，待春天再送到山梨縣各處進行育苗與植栽。洞穴盡頭還有一種特殊的「光苔」，在黑暗中會散發微弱的光芒。

③ 鳴沢氷穴

交通：河口湖駅前搭乘西湖・青木ヶ原周遊巴士，至「鳴沢氷穴」站下車即達
地址：山梨縣南都留郡鳴沢村8533
電話：0555-85-2301
時間：4月1日～10月15日的9:00~17:00，詳洽官網
費用：大人(國中以上)￥350，國小以下￥200
網址：www.mtfuji-cave.com/contents/ice_cave/
備註：因安全考量，未滿四歲、身高未滿100公分孩童不得入內

鳴沢氷穴則是垂直雙環狀熔岩洞窟，葫蘆狀的路線，下行與上行是不同路徑，攀爬時沒有意識到是單向路，後來才想起這可不是人為可以調度的。全年平均溫度只有0度，內部還復原成過去作為天然冷藏庫的樣貌，穴底有冰磚做成的冰牆。這裡的冰柱比富岳風穴的更巨大，4月時尤其碩大「肥美」、晶瑩剔透。垂直的隧道最窄處僅有91公分高，攀爬起來十分刺激。

洞窟探險注意

1 由於洞窟內十分潮濕黑暗,尤其是冰穴中更有結冰的可能,所以要記得穿雙好走防滑的鞋比較保險,如果穿高跟鞋進入有可能會跌倒哦!

2 洞窟內有許多窄小、甚至是要低頭彎腰才能通過的路段,行動不便的人進入前要三思。通過時要小心不要撞到頭,有的洞窟在入場前會發安全帽,還是戴上比較安全哦!

3 洞窟內的平均氣溫為3度左右,即使夏天仍是十分陰涼,記得準備一件薄外套以免著涼。

4 山梨縣內有許多導覽行程可以參加,若是對自己參觀不放心,或是想要聽到更多導覽,不妨可以參加導覽行程,這通常也包含樹海導覽。

‧富士觀光興業 Nature Guide Tour
電話:0555-85-3089
‧富士河口湖町公認 Nature Guide
電話:0555-82-3111

解開樹海之謎

Q 樹海如何誕生?為何有這名稱?

A 於貞觀6年(864)時富士山曾經大噴發,那時在這一帶形成廣大的熔岩地帶,經過千年的時光,熔岩上直接長出了檜樹、日本雲杉、水楢等原始林。由於佔地廣大且樹林齊高(為了抗風的自然演變),從山頂望向此地帶看來就像綠色的大海,故被暱稱為樹海。

Q 在熔岩上長出樹木!?沒有土壤!?那樹要怎麼長?

A 其實一開始熔岩上只長出青苔、小草、小樹木,因為樹葉、果實及動物的糞便等的腐壞,漸漸累積出像土壤的一層營養帶,才能讓樹木生長。仔細看看樹海內的巨木,樹根皆浮在岩石之上,能有這樣的面貌也是花了千年以上的時間才得以成形。

Q 如果迷路了怎麼走出來?

A 由於樹海地質為火山熔岩,故具有磁力,一般的指北針如果太靠近地表(約人的腰部以下)很有可能會被影響而使方位錯亂,所以使用指北針時只要拿高一樣會正確顯示方位,不用擔心。而且樹海內的遊步道整備得不錯,健行時不要偏離主要步道的話應該不會迷路。

> **Point** 地勢高低起伏不大，適合在登山前
> 來到這裡暖身，小試身手！

富士山體驗清單	03

山麓
輕裝健行

因火山形成的特殊地質、地貌，吸引眾多登山好手前來富士山，而登山小白也不用擔心，除了上富士山去人擠人之外，還有幾條簡單的登山步道，別俱特色、同樣能夠遠眺富士山之美，不用登上富士山更能完整體驗富士魅力！

Route 1 靜岡
田貫湖健行

日本政府自七〇年代開始倡議「東海自然步道」，以步道串聯國家公園與生態保育區，整條步道橫跨日本本州11縣府，其中富士宮路段可從陣馬瀑布走「豬之頭」地區，銜接小田貫濕原至田貫湖，再一路延伸至環抱田貫湖、標高1330公尺以上的長者ヶ岳與天子ヶ岳，一次看盡瀑布、高原、湖泊、針葉林、濕原等地貌。

建議造訪時間為春～秋季的5～11月之間。由於路線途中經過的長者ヶ岳與天子ヶ岳標高皆有1330公尺以上，冬天登山需要較專業的防寒裝備。田貫湖邊風景宜人，若時間不夠或是無法挑戰登山者，可以在湖邊健行一周，4公里的行程約40分即能完成。

沿田貫湖北邊田貫神社旁的木棧道前行，會接到富士山西麓唯一的濕地「小田貫濕原」。

田貫湖健行

區間：田貫湖～白糸の滝
距離：12.5km
步行時間：5小時30分（單程）
交通：要前往田貫湖，可從富士宮搭乘富士宮靜岡巴士（往猪の頭）至休暇村富士站下車，但因早上只有一班車，需要抓好時間。健行後至白糸の滝，可搭乘富士宮靜岡巴士（往富士宮駅）回到富士宮。

經過天子ヶ岳後，山勢下切需注意。全程約2小時能達高25公尺、寬5公尺的音止瀑布。

從音止瀑布往下走5分鐘，橫跨二百公尺環形黑熔岩壁所流洩而下的白糸の滝，襯著攀藤在岩壁上夏日的暢綠、秋野的松楓，如絲絹又如銀白的額髮一般蕩漾，在湛藍池心激起一片虹彩。

小田貫濕原由東側、中央與西側組成，面積最大的西側由81個池塘組成，中央由44個池塘組成，山巒環抱下的小田貫濕原尚在冬眠。

最後可以搭乘巴士回到富士宮市區，來盤炒麵或是至淺間神社參拜。

箱根
駒ヶ岳健行

由芦ノ湖畔的駒ヶ岳,連接箱根最高山「神山」至大涌谷的健行路線,雖被列入健行步道,但可是貨真價實的登山行程。在駒ヶ岳山頂可以眺望芦ノ湖,天氣晴朗時相模灣、房總半島也能映入眼簾。而登山時不時在樹林間望到富士山,更是振奮每一個登山客精神的最佳鼓舞。駒ヶ岳並不是一座難以征服的山,從山腳也有纜車可以直達山頂。

努力爬了一陣坡,正當氣喘吁吁時,從身旁的樹林看見稍稍破雲而出的富士山頭。再往前轉一個彎,駒ヶ岳山頂也正在不遠處跟我們招手。

小編私語

駒ヶ岳一段路雖被歸類為健走行程,其實坡度極陡,想要登頂需有心理準備。而從箱根園這裡有纜車直達山頂,有人選擇搭乘纜車上山,再從山頂連接神山步道一路走到大涌谷去,不在一開頭便耗費太多體力。相反地也可從大涌谷開始健行,只是路途較陡,需要更多體力與時間。

一開始登山時山勢不陡,走入一片樹林中盡情享受芬多精。這裡原本為林業採伐地,收為國有後呈現現在的樣貌。

一路上視野並不開闊,樹林不時遮住視線。但被一片綠意包圍的健行登山十分神清氣爽。

在兩個多小時的跋涉下，終於抵達大涌谷。嚐一顆據説吃了會增壽7年的黑蛋，慰勞一整天健行登山的辛勞。回程就搭大涌谷纜車轉接海賊船回到元箱根吧～

有人會選擇搭乘纜車下山，但我們走回防ヶ沢分岐點，踏上神山步道，直朝大涌谷前行。

駒ヶ岳健行

區間：防ヶ沢登山口→駒ヶ岳山頂→箱根神社元宮→神山→冠ヶ岳→大涌谷

距離：防ヶ沢登山口～駒ヶ岳2.5km，駒ヶ岳～大涌谷3.5km

步行時間：防ヶ沢～駒ヶ岳1小時15分(單程)。駒ヶ岳～大涌谷2小時(單程)

交通：要到防ヶ沢登山口，可搭乘巴士至「富士芦ノ湖パノラマパークピクニックガーデン」站下車徒步25分。或可以從箱根園搭乘纜車至駒ヶ岳山頂，再開始健行行程。

Route 3 山梨
御中道・奧庭健行

早期的御中道指的是環繞富士山五合目一周的步道，據說只有登過富士山三次以上的人才會被允許踏上。現在只保留下約1/4長的步道，但沿路景色開放，能夠眺望富士五湖美景，天氣好的話，更有可能遠望日本南阿爾卑斯連峰與八ヶ岳，但怎麼也比不上近在眼前的富士山頂與腳下紅土更讓人有踏在富士山麓的實感！由五合目山發，還能連接到奧庭步道，不妨就在富士山麓大步行走，享受登山健行的單純愉悅。

才剛出發沒多久，右邊一片開闊，西湖就在眼前。

御中道健行步道前段地形平坦，從中段往大沢崩れ的路途時而下切，時而遇到砂石坡，走來有小小的難度。若是怕體力無法負擔，只走到中段便接到奧庭健行步道；若想親眼看看大沢崩れ，也可以考慮從奧庭駐車場開始健行再接到大沢崩れ。原則上可把這兩個健行步道合起來走，拆開來走或是各走一半，依照個人體力而為較恰當。

小編碎碎念

御中道・奧庭健行
區間：富士スバルライン五合目〜大沢崩れ〜奧庭
距離：御中道10.8Km、奧庭2km
步行時間：御中道來回約4小時40分、奧庭一周約1小時
交通：建議可從富士スバルライン五合目開始健行。從富士急行河口湖　等地可搭乘富士急行登山巴士，約1小時能達富士山五合目。若是開車要注意夏天登山季時會實施車輛管制，車子必需停放在富士北麓駐車場再轉搭登山巴士；若是非管制時期，可開車經由富士スバルライン抵達五合目。

穿過樹林後腳上踏的全是被稱為「火山渣石（scoria）」的紅土砂石。由於岩漿在噴出時即在空中凝結，所以石頭上有許多氣孔。

在森林中約走了半小時左右，即來到叫滑沢的石坡。這裡容易有落石需要注意。繼續前行，穿過這片大片的砂石坡，再走進森林不久，就快到達大沢崩れ了。

壯觀的大沢崩れ近在眼前！迫力滿點的落石坡具有危險性，已經沒有路可靠近，沒有專業嚮導帶領可千萬別試著靠近。

奧庭莊旁有處天狗岩，據說早期天狗會在這裡出，所以奧庭也被稱為「天狗之庭」。

剛踏上奧庭步道沒幾步便來到奧庭莊，在這裡稍作休息，享受美味的料理，吃飽了再繼續健行！

富士山體驗清單 | 04

河口湖
划獨木舟

　　獨木舟是人類最早用於航行的船隻，各種獨木舟遺跡遍佈全球，其中最被人認識的便是用雙槳推動的愛斯基摩艇（Kayak）與單槳推動的加拿大式艇（Canoe）。古代的愛斯基摩人用獸皮包著鯨魚骨製成的皮艇，使用雙槳划動，由於乘坐時需要將身體包覆在船身裡，若翻船要逃脫較困難，在體驗前需要進行「翻船練習」，將翻掉的船體轉正。而這天我們要體驗的加拿大式艇則是頭尾呈尖形，因是由早期獨木挖空中心的形狀演變而來，所以從船頭到船尾皆為開放式乘坐空間。這種源自北美印地安民族的獨木舟底面積較大，航行穩定，也是獨木舟中較容易學會的一種。

來到湖邊，選好獨木舟，套上救身衣，做好暖身動作，準備要出發了！

　　一早我們來到位在河口湖邊的Contry Lake Systems，由教練帶領，先了解獨木舟的基本原理。接著教練帶領我們走到湖邊，開始熱身訓練、實際操演。這麼一趟豐富的行程下來，手臂也有些痠痛；划累了不妨將船槳擱下，躺在獨木舟上仰望天空，靜聽潮間生物發出的細微聲響伴隨著水流聲，試著感受浮世繪畫家們當時的心情，停駐定點讓心靈一起感受美景與山水靈氣。

途中可設立幾個目標，比如無人小島、熔岩淺礁等，讓人有前行的目標。

結束行程後，還會得到一張修業証明書與滿滿的回憶！

Canoe為單柄單槳，兩手共握一支槳，左手握T把，右手握槳軸，在船艇的右側划槳（在左側划的話兩手位置交換）；槳的平面與行進方向成90度，入水時要利用手腕的力道轉槳（以手腕為軸心逆時鐘方向轉）即能向前划行。

Contry Lake Systems

交通：從河口湖駅搭乘巴士至「北浜荘」下車徒步1分
地址：山梨縣南都留郡富士河口湖町大石2954-1
電話：0555-20-4052
時間：獨木舟體驗10:00~12:00、13:00~15:00兩梯次，夏季4~9月多增加一梯次15:30~17:30
費用：獨木舟體驗大人￥6600（國小以上），小孩￥3300
e-mail：info@c-ls.jp
網址：www.c-ls.jp
備註：Contry Lake Systems除了獨木舟外，也提供樹海探險、自行車、越野車等多種戶外活動，詳洽官網。

自己操控
飛行傘

Point 只要聽得懂舉手、放下、著地等指令，人人都是飛行傘運動員！

飛行傘運動的英文又叫Paragliding，原是滑翔之意。其發源十分意外地極為近代，在1983年由一群愛好極險運動的法國人，在登山時利用高空跳傘的方式，藉由山間強風而飛行；經過不停地改良，也才成為現今我們看到的樣式。

位在富士山西側的朝霧高原，以上百間的農場而聞名。除了興盛的酪農業之外，來到這裡更可以近距離仰望雄偉的富士山。想要體驗飛行傘，來到朝霧高原飛行傘學校，充實的課程與環境，讓人安心學習駕御飛行傘，甚至能考得飛行証照。簡單的體驗課程由專業教練帶領一同從高空滑翔，欣賞富士山的另一種樣貌；而有餘裕的人，則可以挑戰自己操控飛行傘，先從22M高的小山坡上熟悉飛翔的感覺，朝能夠自由自在地憑風飛翔為目前邁進。飛行傘本身不具備動力裝置，也不同於滑翔翼，是以坐姿的方式來操作，藉由高原上升氣流將傘面充滿空氣，利用二條繩索來控制飛行高低方向。

除了自己飛行外，也可由教練操縱，由對面山頭躍下，感受乘風快感。

背上傘袋，朝著練習場出發！朝霧高原飛行傘學校，擁有廣大的練習場地，讓飛行傘初學者也能在此好好練習、熟悉操作方式。

在教練的協助下將主傘攤開，並將控制繩整理好。

讓身體隨著飛行傘浮起，坐在背著的座袋上；由於離地面很近一點也不感到害怕。在這時要實踐飛行傘的操控，熟悉漂浮感與控制後，就要至高處練習了！

　　由於朝霧高原的氣流十分旺盛，尤其在中午之前，陽光讓大地水份散發成上升氣流，藉由空氣動力與流體力學的原理，飛行傘才能在天空中爬升、停留和滑翔。飛行傘不只是一種愈來愈盛行的運動，更是接近原始飛翔想望的一種姿態。

　　專業安全的設備、詳實的課程解説，連初學者都能快速上手的實際操作等，只要跟著教練的指令，背起巨大飛行傘，就朝向富士山奔去，挑戰自我極限，享受乘風飛行的快感！

朝霧高原飛行傘學校

交通：從新富士駅搭乘往河口湖的巴士於「道の駅朝霧高原」下車，步行約200公尺即達；另從河口湖可以預約接送，詳洽官網。

地址：静岡縣富士宮市根原字宝山282-1

電話：0544-52-1031

時間：9:00~18:00。依當天氣候狀況，時間有可能改變，請依現場時間為主

費用：飛行體驗可分為半天￥7000~，教練高空飛行￥9000~(一次)；半天飛行體驗+教練高空飛行￥15000~。體驗需要另付￥1000保險費用。

e-mail：asagiri-para@mop era.net

網址：www.asagiri-para.com/

富士山體驗清單 | 06

湖畔露營

田貫湖露營場周邊亦有湖畔莊、休暇村富士與田貫湖自然體驗塾（田貫湖ふれあい自然塾）等三處旅宿與度假小屋。

　　富士山腳下光五湖地區已有數十座露營地，分明的四季與環湖自然生態，一年當中還有4月中旬的櫻花、初夏的螢火蟲、深秋的變色林相、冬日湖畔一片雪化妝。當然最重要的，還是位處高原視野開闊，富士山完美的錐體近在咫尺、一覽無遺，湖畔垂釣、夜裡觀星、環湖騎乘腳踏車，都有富士山相伴，晨起掀開帳篷，便是富士微笑。在帳篷裡懶散夠了，出「篷」去騎腳踏車！環湖路線景致各有千秋，也可以穿梭遊巡於林道與湖畔，湖心滿是野遊的划船客，每個人都只為貪得一點春日的和煦陽光。

　　實際造訪露營地，也會遇見當地露營客，帳篷內暖爐、烹飪設備、垃圾分類箱一應俱足。事實上，這裡多數是來自鄰近縣市的露營老手。若是擔心器具的租借卻又很想要體驗露營的樂趣，除了露營外，整個富士區域亦有湖畔小屋、豪華露營等旅宿與度假小屋，可以依自己的能力來做選擇。

田貫湖露營場可是觀測逆富士與鑽石富士的致勝景點。

來田貫湖的遊客多數是露營客，這裡遠離人群喧囂，可以盡情深呼吸、享受野放生活，是自然分子密度相當高的營地。

田貫湖露營場

交通：富士宮駅搭乘往休暇村的路線巴士，在「田貫湖キャンプ場」站下車即達
地址：静岡縣富士宮市猪の頭2929-10
電話：田貫湖キャンプ場運營委員會090-4234-8039（平日9:00~17:00），田貫湖管理處瓔珞之家0544-52-0155（平時8:00~17:00，冬季8:00~16:00）
時間：露營場雖屬公有可自由進出，進駐紮營為完全預約制，需事先於網路進行預約。帳篷check in 8:00~16:30（冬季為8:00~15:30），check out 12:00前（旺季為11:00前）
費用：架設帳蓬￥3500/1個（帳棚需自備，此處無租賃服務），留宿￥200/1人，旺季時一頂帳蓬一晚加收￥1000
網址：tanukiko.com

露營音樂祭
Camp in Asagiri Jam

> **Point** 「朝霧JAM」是近年大人氣的富士山麓野營音樂派對

富士山西麓的朝霧高原，每年秋季盛大舉辦以音樂為主題的野營派對「朝霧 JAM」——在大草原紮營帳或駐露營車，營帳裝飾得色彩繽紛，歡笑聲不斷，與會者皆化身無憂無慮的花孩子，和富士山一同盡情玩樂。

朝霧 JAM會場在朝霧高原上的朝霧小巨蛋（朝霧自然公園）和鄰近的汽車露營場ふもとっぱら，標高900公尺，佔據了高原上的富士絕景特等席。在秋日的澄明晴空下，展望矗立於廣大地平線上的富士山，晨間是美麗的鑽石富士，日落時分則見震撼人心的赤富士，日夜皆令人心惕。

主會場「朝霧小巨蛋」設彩虹和月光二座舞臺，不限音樂類型，邀請來自各國的音樂人輪番登場。表演節目之間，在志工「朝霧 JAMS'」的帶領下，愜意遊樂不同活動：草地上的親子寵物樂園，草地太空球是最受歡迎的人氣選項；搭起帳篷的手工藝市集和小吃攤，大啖地產美味；工作坊區則提供星空觀測、廣播體操和晨光瑜伽，伸展四肢深呼吸；入夜後燃起篝火繼續放歌，直至深夜亦不捨入睡。攜手秋日的富士山。

朝霧 JAM
交通：因沒有大眾交通可抵達，在預約入場券時可一同預約接駁車。
地址：靜岡縣富士宮市 朝霧アリーナ（朝霧自然公園）．ふもとっぱら
時間：2024年10月12日至10月13日
費用：兩日通行入場券（包括露營）每人¥15000，停車券¥8000（場內及ふもとっぱら營地）、¥4000（場外）。
網址：asagirijam.jp

搭直升機
直達富士山

Point 從空中欣賞聖山的絕美風景，
連接東京與富士山區域的全新路徑！

從東京前往富士山地區通常需要2小時的陸路車程，近年來有民間公司提供直升機接送，連接東京到富士地區只需35分鐘即可到達，還能在空中欣賞壯麗的富士山景，吸引許多遊客搶訂。抵達富士忍野直升機場後，也配合提供租車服務，方便乘客前往周邊景點。

在預約人數上要注意，3人座的直升機最多可搭載3名乘客，乘客和行李的總重量不得超過210公斤，每個座位的重量限制為120公斤，超過此重量的乘客可能無法登機。而4人座的直升機，總重量不得超過300公斤。由於貨物空間有限，大件行李可能需要單獨運送。

富士山直升機接駁服務不僅大幅縮短了旅途時間，還為富士山之行提供了便利和舒適的體驗。富士山因季節變化而展現不同的表情，被譽為世界的寶藏。無論是從空中、陸地，還是湖畔觀看，都有迷人的美景。若只想單純遊覽，還有乘坐直升機的周遊計劃，可以從空中欣賞雲海和山頂火山口等壯麗景色，帶來震撼的體驗。

AIROS Skyview

交通：東京直升飛機場：從新木場駅搭計
程車約5分
富士忍野直升飛機場：從河口湖搭計程
車約20分
地址：東京直升飛機場：東京都江東区新
木場4-7-25
富士忍野直升飛機場：山梨縣南都留郡
忍野村忍草1666-56
時間：預約制
費用：東京～富士山，每人59800起
網址：skyview.airos.jp/zh_cn

> **Point** 不會日文沒關係，
> 參加英語授課讓教練把訣竅全都傳授給你。

富士山體驗清單 | **09**

滑雪

滑雪原為西洋人的玩意兒，傳入雪國日本後普及成一般大眾的休閒運動，據說第一次有人在日本滑雪，便是富士山南麓！根據計載，1910年12月27日，來自奧地利的軍人萊魯比（Lerch，此人為後來被稱為日本滑雪之父）與同伴克拉策(KRATZER)登上富士山八合目，因為天候惡劣無法登頂，於是便從八合目一口氣滑了下來，造就了日本第一個從富士山滑雪的紀錄。

同樣位在富士山南麓的Yeti處於2合目處，是日本每年第一個開放的滑雪場；在楓葉都還沒紅的10月初便以人工雪鋪出雪道，且營業時間超長，每天早上到晚上10點左右都能滑雪，不定時也會推出All Night的時段讓人滑整夜，因此也吸引許多滑雪迷前來一解滑雪之癮。Yeti依難易度不同擁有4條滑雪道，並為初學者開設滑雪課

Snow Town Yeti
交通：東京都內大車站與靜岡縣內的主要車站皆有路線巴士運行，也有販售車票結合滑雪券的套票，詳洽官網。開車的話從御殿場經由富士山スカイライン，約30分即達
地址：靜岡縣裾野市須山字藤原2428
電話：055-998-0636
時間：每年10月~3月，平日10:00~22:00，假日9:00~22:00
費用：滑雪票平日大人￥4300（國中以上），國小以下￥3300，價格依時段、淡旺季有所變更，衣物器材租賃另計，詳洽官網
網址：www.yeti-resort.com

程，不論是雪板或是滑雪，皆有專業講師教學，若需要英語教學也能事前申請。園區內並設有餐廳、賣店，讓人在這裡玩上一整天也不會膩。

五合目
遙拜御來光

Point 就算不登山，
也要朝拜神聖的御來光！

河口湖溫泉旅館協會為了遠道而來的遊人，特別設計了「富士山御來光行程」，搭巴士「御來光號」就能直上五合目，不需辛苦登山亦能遙拜御來光。在凌晨四點的沉沉夜色裡，頂著寒風到乘車處，由御來光號巴士直接將旅客們送上海拔2,305公尺的吉田登山道五合目。這一帶遙拜御來光的最佳地點，是五合目遊客中心2樓的大展望台，許多人不畏寒冷，架好了相機痴痴守候。終於幾道曙光劃破雲端，橙紅朝日自天際緩緩探出，光暉將天空渲染成一片燦爛橙紅，也照亮了身後的富士山麓。在觀賞日出的感動裡，聽當地耆老志工們述說關於富士山的古老傳說，感受大自然的神奇力量，似乎能理解日本人對於山岳和光的仰望之情。

遙拜了御來光之後，返回遊客中心，工作人員早早地備好了熱茶和甜酒。微甜的甘酒在嘴裡發散成一道暖意直入心扉，與御來光帶來的感動，一齊化成難忘的富士山回憶。

富士山御來光行程
電話：0555-72-0346
時間：每年6月1日至10月31日期間，每朝行駛（10人以上發車）
費用：¥2800，國高中生¥1000，國小以下免費
網址：reurl.cc/kOyVXL
備註：報名請洽河口湖町的旅行社或河口湖溫泉旅館協會的加盟旅館，行程包括乘車前往五合目遙拜御來光、導覽、五合目名產店購物，並附贈熱飲、點心、遙拜證明書。

山梨 靜岡 箱根 梨 岡 根 周 邊 巡 遊

河口湖

かわぐちこ Kawakuchiko

山梨縣

觀光設施特別多，是富士山觀光最熱門的景點。

河口湖遊覽船和湖畔景色絕佳的河口湖香草館等，拜訪以富士山為主題的河口湖美術館、從不同角度感受河口湖與富士山之美。

在富士五湖中，河口湖湖畔腹地最廣大，有山有水並遍植薰衣草，被譽為日本的瑞士琉森。

Transport Tips

建議在河口湖周邊遊玩時可以搭乘レトロバス(周遊懷舊巴士)，有河口湖線、西湖‧青木之原，與鳴沢‧精進糊‧本栖湖等循環線可利用，停留各個重要景點，非常方便。

價格◈一日券大人￥1500、小孩￥750、二日券大人￥2000、小孩￥1000 **購買地址**◈河口湖車站售票處可購買一日券、二日券
網址◈bus.fujikyu.co.jp/rosen/shuyu

◎ 富士山全景纜車
～河口湖～ 富士山パノラマロープウェイ

交通→河口湖駅徒歩15分 **電話**→0555-72-0363 **地址**→山梨縣南都留郡富士河口湖町淺川1163-1 **時間**→9:00～17:00(依季節而異)，湖畔駅～富士見台駅約3分 **價格**→來回大人￥1000、小學以下￥500，單程大人￥600、小學以下￥300 **網址**→www.mtfujiropeway.jp

搭乘纜車登上高1075公尺的天上山公園展望台，碧綠的河口湖、似近又遠的富士山、火柴盒般的富士吉田市街，都在眼前；天氣晴朗時，更遠的南阿爾卑斯連峰、山中湖等也盡收眼底。來到山頂還可購買限定的富士山造型仙貝與兔子神社御守，可愛的外型相當討喜。

搭上纜車富士山就在眼前，還可鳥瞰河口湖風景。

◎ 河口湖遊覽船天晴

交通→河口湖駅徒步10分 **電話**→0555-72-0029 **地址**→山梨縣南都留郡富士河口湖町 **時間**→5月上旬~7月中旬 9:00～16:30，每30分1班 **價格**→大人￥1000、小孩￥500 **網址**→www.fujigokokisen.jp

富士山優美的山景、河口湖恬靜的湖面，搭乘遊覽船繞湖一周是最能享受風景的路徑。以天晴（あっぱれ）為名的遊覽船，以戰國時代甲斐武田軍的安宅船為主題，是一艘和風氣息滿滿的遊覽船，可在船艙內或甲板座椅愜意地欣賞美景，站在2樓的甲板，環視周遭360度的山河美景與壯麗的富士山，竟有種自己成為戰國武將的錯覺。

🛕 河口淺間神社

交通◈河口湖駅1號乘車處搭乘河口湖周遊巴士河口湖線10分至「河口局前」站下車即達 **電話**◈0555-76-7168 **地址**◈山梨縣南都留郡富士河口湖町河口1 **時間**◈境內自由，社務所9:00～16:00 **價格**◈自由參拜 **網址**◈asamajinja.or.jp

河口淺間神社的主祭神為淺間大神和木花開耶姬命。歷史可追溯至清和天皇時期的貞觀六年（公元864年），當時富士山發生了一次巨大噴火給當地居民帶來了巨大災害，後來為了祭祀富士山的神靈淺間明神而在此設立，以祈求鎮靜火山噴發。境內杉木參天，氣氛十分肅穆。

遙拜所 天空鳥居

交通◈由神社後方產業道路向上走約30分內即達 **時間**◈自由參拜 **價格**◈參拜每人￥100

近年來在網路上的熱門打卡點「天空鳥居」就位在河口淺間神社的後山裡。紅色鳥居搭配山景，是旅客心目中最美的富士山風景。由於近年來遊客增加，為了加強管理而徵收100日幣的參拜費，人多時也要排隊並限1組3分鐘的拍照時間，請大家還要多多配合。

◎ 富士見橋 觀景台

交通◈河口湖駅開車約15分 **地址**◈山梨縣南都留郡富士河口湖町御坂道 **時間**◈自由參觀 **價格**◈免費

富士見橋位於御坂道的途中，是一處絕佳的展望台。在這裡可以欣賞到壯麗的富士山全景以及周圍的街景。晴天時登上高台，展望的富士山美景尤其動人，成為遊客拍照留念的熱門地點。

北館透過展示熔岩和火山灰實物，深入淺出地介紹了富士山的形成過程、富士山上的動植物、富士山的噴發歷史以及信仰的起源。

🏛 山梨縣立富士山世界遺產中心
山梨県立富士山世界遺産センター

交通▶搭乘富士山周遊巴士至「富士山世界遺産センター」站下車即達 電話▶0555-72-0259 地址▶山梨縣南都留郡富士河口湖町船津6663-1 時間▶9:00～17:00 休日▶北館全年無休，南館每月第4個週二休館 價格▶入館免費 網址▶www.fujisan-whc.jp

山梨縣立富士山世界遺產中心於2016年6月22日開館，旨在向訪問者傳遞富士山的顯著普遍價值，並扮演保存管理的重要角色。南館展示富士山的自然與人類互動，提供體驗與共享的平台。北館則作為富士山的綜合案內所，提供有關富士山及富士五湖周邊的旅遊資訊。

南館的冨嶽360是一個可以從全方位觀賞富士山的巨大裝置。透過燈光效果展示富士山在一天時間的流轉和季節變遷中展現的各種風貌。

◉ 大石公園

交通▶搭乘富士山周遊巴士至「河口湖自然生活館」站下車即達 地址▶山梨縣南都留郡富士河口湖町大石2525-11 時間▶自由參觀 價格▶入園免費

大石公園位在河口湖北岸，四季景色變幻，春季有盛開的櫻花，夏季紫色的薰衣草花田令人陶醉，秋季楓葉絢麗，冬季則能欣賞到富士山的雪景。除了自然美景，公園還設有遊客中心和咖啡廳，提供當地特產和美食，是每個來河口湖的遊客都會造訪的熱門景點。

◉ 長崎公園

交通▶搭乘富士山周遊巴士至「島津八千前」站下車即達 地址▶山梨縣南都留郡富士河口湖町大石2525-11 時間▶自由參觀 價格▶免費

河口湖長崎公園擁有寧靜的環境和豐富的自然景觀，適合散步和休閒活動。公園內設有木製步道和觀景平台，因為遊客少，可以在此盡情拍攝富士山和河口湖的壯麗風景。春天櫻花盛開，秋冬蘆葦枯黃，搭配上山景，特殊景色使這裡成為不少攝影好手蹲點拍照的勝地。

◉ 藝猴雜技劇場
猿まわし劇場

交通▶河口湖駅1號乘車處搭乘河口湖周遊巴士河口湖線，25分至「猿まわし劇場・木の花美術館」站下車　**電話**▶0555-76-8855　**地址**▶山梨縣南都留郡富士河口湖町河口2719-8　**時間**▶9:00~17:00，周一至周四每日2場、週末例假日可能增加1場，約40分（詳細時間請洽官網）　**價格**▶大人￥1700、國高中生￥1200、3歲~小學生￥850　**網址**▶monkey-suo.com/fuji/

在日本已有上千年歷史的耍猴雜技，重現於河口湖的藝猴雜技劇場，這兒的猴子會耍寶跳舞、踩高蹺、跳火圈，還會與人握手及拍照留念，舞台上提供了中文、英文、韓文等對白字幕，又調皮又聰明的猴子耍起雜技時趣味橫生、笑料不斷，讓大人與小孩同享歡樂、共度快樂時光。

藝猴煞有其事的拿著木劍比劃，氣勢十足。

🖌 久保田一竹美術館

交通▶河口湖駅1號乘車處搭乘河口湖周遊巴士河口湖線，26分至「久保田一竹美術館」站下車　**電話**▶0555-76-8811　**地址**▶山梨縣南都留郡富士河口湖町河口2255　**時間**▶12~3月10:00~16:30、4~11月10:00~17:00，入館至閉館前30分　**休日**▶請洽官網　**價格**▶大人￥1500、高中大學生￥900、中小學生￥400　**網址**▶www.itchiku-museum.com

久保田一竹美術館像是隱藏在森林中的精靈，從入口穿過林徑小道、小溪後，一棟外觀猶如高第建築風格的美術館就半隱在林間，先看到依斯蘭色彩艷麗的串珠展示室，走過階梯，另一棟日式建築內，數十套華麗的和服在眼前展開，而這就是久保田、這個和服設計大師的作品。本館內收藏了名為「幻之染法」的華美和服，呼應著美術館所在地，還展示了一系列以富士山為主題的和服，傳統與現代、融合各國元素，衝突中卻帶著和諧。這裡曾榮獲米其林旅遊指南三星評價，不只展出日本知名和服織大師久保田一竹的作品，建築依設置時間的先後分為「本館」與

「新館」，庭園設計也相當可觀，讓這個美術館充滿迷樣風情。

 ## 河口湖美術館

交通◆河口湖駅1號乘車處搭乘河口湖周遊巴士河口湖線，23分至「河口湖美術館」站下車即達 電話◆0555-73-8666 地址◆山梨縣南都留郡富士河口湖町河口3170 時間◆9:30~17:00(入館至16:30) 休日◆週二(遇假日開館)、換展期、年末 價格◆大人￥800、國高中生￥500、小學生以下免費 網址◆kgmuse.com

開館多年的河口湖美術館，是富士五湖一帶第一間公立的美術館，想當然爾，這間美術館的收藏以富士山為主題，蒐集了以富士為取材主體的繪畫、版畫與攝影作品。逛累的話，還可以到附設的咖啡廳小憩一會，端坐在大片落地窗前，凝望眼前如詩如畫的山水風光，好不愜意。

河口湖香草館
河口湖ハーブ館

交通◆河口湖駅1號乘車處搭乘河口湖周遊巴士河口湖線，12分至「河口湖ハーブ館」站下車 電話◆0555-72-3082 地址◆山梨縣南都留郡富士河口湖町船津6713-18 時間◆販賣區9:00~17:45，喫茶店9:00~17:00(營業時間可能變更，詳情請洽官網) 價格◆免費參觀 網址◆www.herbkan.jp

充滿歐洲情調的香草，是美麗的觀賞植物也是香氣撩人的香油，還可以製成各式花草藝品，河口湖香草館與香水小舍就位於湖邊，歐風小屋的造型，讓人以為來到了歐洲。在這兒可以賞花、喝茶，品嚐美味的香草蜂蜜蛋糕，還可以試試壓花、乾燥花花圈等手作體驗，離開時別忘了選買紀念品，是河口湖最有人氣的景點。

唯妙唯肖的神韻，賦予每個人偶獨有的生命力。

🎯 河口湖Muse館－与勇輝館－
河口湖ミューズ館－与勇輝館－

交通➡河口湖駅搭乘河口湖周遊巴士西湖線，約13分至「河口湖ミューズ館入口」站下車　**電話**➡0555-72-5258　**地址**➡山梨縣南都留郡富士河口湖町小立923 八木崎公園　**時間**➡9:00~17:00(入館至16:30)　**休日**➡週四、換展期間、年末　**價格**➡大人￥600、國高中生￥400　**網址**➡www.musekan.net

美麗鮮豔的八木崎公園旁有一座相當特殊的河口湖Muse館，是專門展出藝術家与勇輝作品的小型美術館。与勇輝先生是日本相當著名的人偶製作專家，所製作的布製人偶娃娃，就像落入凡間的小精靈，維妙維肖的神情各自有著自己的生命與光彩，常設展約展出80~90項作品，隨著四季的變化，館外的自然景色也非常美麗。

🏛 山梨寶石博物館

交通➡河口湖駅搭乘河口湖周遊巴士河口湖線，13分至「山梨宝石博物館・河口湖」站下車　**電話**➡0555-73-3246
地址➡山梨縣南都留郡富士河口湖町船津6713　**時間**➡3~10月9:00~17:30、11~2月9:30~17:00，入館至閉館前30分
休日➡週三(逢假日開館，黃金週、7~8月無休)
價格➡大人￥600、中小學生￥300、6歲以下免費
網址➡www.gemmuseum.jp

山梨寶石博物館是日本唯一的寶石博物館，是由從事寶石加工的企業所開設，為了讓人認識美麗的寶石而成立。博物館的建築外觀讓人彷彿造訪歐洲美術館，收集了約500種、3000件來自世界各處的寶石，館內的展示空間以黑色為主，襯托需要光源照亮更顯耀眼迷人幻彩的寶石。

河口湖音樂盒之森美術館
河口湖オルゴールの森美術館

交通◇河口湖駅1號乘車處搭乘河口湖周遊巴士河口湖線，約24分至「河口湖オルゴールの森美術館」站下車 電話◇0555-20-1111 地址◇山梨縣南都留郡富士河口湖町河口3077-20 時間◇10:00~17:30(入館至17:00)，依季節而調整 價格◇平日大人￥1800、大學高中生￥1300、中小學生￥1000 網址◇www.kawaguchikomusicforest.jp

音樂之森博物館緊鄰湖邊，園區由數棟建築及美麗的庭園組成，在一片可以遠眺富士山雄偉景色的大草坪上，坐落著五幢歐洲風味的小屋，包括音樂盒美術館、餐廳、咖啡館、畫廊，讓人如置身歐洲童話村中，處處飄揚著幽雅樂聲。音樂盒美術館中展示各式樂器，音樂加上館內華麗的裝飾，感覺身居貴族豪宅內。一到整點水池畔音樂鐘內的人物會跳出來指揮水舞，表演詼諧逗趣。以歐州皇族庭園為範本設計的玫瑰園，盛開時節在每年的4月底至9月，若在這段時間造訪可千萬別錯過！

整點一到，水舞隨著音樂鐘上的指揮起舞，宛如音符在琴譜上跳躍。

餺飥不動
ほうとう不動

交通◇河口湖駅開車約10分 電話◇0555-76-7011 地址◇山梨縣南都留郡富士河口湖町河口707 時間◇11:00~19:00(平日16:00後需電洽確認閉店時間) 價格◇不動ほうとう(招牌餺飥麵)￥1080 網址◇www.houtou-fudou.jp

在河口湖共有4家店的不動，主打富士五湖名物——餺飥(ほうとう，Houtou)，餺飥類似烏龍麵為手打麵的一種，咬來香Q有嚼勁，是山梨縣常見的鄉土料理。使用自製的麵條烹煮後加點味噌，再放入南瓜、香菇、蔬菜等，盛在鐵鍋上桌，吃到最後一口都還熱呼呼！

東戀路店

除了本店必朝聖之外，在東戀路這裡的分店則請來建築師保坂猛，在富士山前建造彷彿雲朵般的白色洞窟，與美麗的山景融為一體，讓來用餐的客人都能有與自然交融的五感體驗。

🍴 湖波

交通 河口湖駅搭乘河口湖周遊巴士河口湖線至「浅川温泉街」站下，徒步1分 **電話** 0555-72-0349 **地址** 山梨縣南都留郡富士河口湖町浅川367-1 **時間** 11:00~15:00、17:30~21:00 **休日** 不定休 **價格** 信玄ほうとう鍋(信玄餺飩麵)¥1200，わかさぎのフライ定食(炸公魚定食)¥1480 **網址** www.konamiboat.com

湖波是一間位在河口湖畔的鄉土料理店，從窗邊便能望望雄大的富士山，天晴時一定要選擇靠窗的位置。這裡的餐點種類十分多元，一般想得到的日式料理，像是炸豬排、炸蝦、鰻魚飯等一應俱全，現撈鱒魚做的生魚片也十分受歡迎。河口湖限定美食餺飩麵與炸公魚更是必點，鄉土滋味化作舌尖甘美，滿足口腹更一次滿足所有想吃旳願望。

河口湖的限定版美食炸公魚，更是每桌必點！

🏯 井出醸造店

交通 從河口湖駅前徒步約10分 **電話** 0555-72-0006 **地址** 山梨縣南都留郡富士河口湖町船津8 **時間** 店舖9:00~12:00、13:00~17:00。酒藏見學9:30、15:00兩時段，一次約1小時 **價格** 酒藏見學高中以上¥1500(含5種酒試飲，未滿20歲不得試飲，改以提供土產) **網址** www.kainokaiun.jp **備註** 酒藏見學需要預約，可電話洽詢或至官網預約

井出醸造店創業於1700年，最初以醸造醬油為主，至江戶末期開始醸造清酒，傳到目前已到第21代，是河口湖地區唯一的清酒醸造店。由於位在富士山麓標高約850公尺，天候冷涼，且附近富士山湧泉清冽甘美，用來造酒最是適合。來店亦可親身進入酒藏中，見證醸酒的杜氏是如何以敏銳的雙眼和嗅覺，點石成金，把清水變成清冽甘甜的美酒。

山梨縣

やまなかこ
Yamanakako

山中湖

富士五湖中面積最大的山中湖，海拔982公尺，是日本排名第三高的高山湖。

由於地形關係，山中湖的周邊道路高於湖面，沿湖區大多是山林，因此特別適合眺望與健行。

露天溫泉、花田公園、溫馨民宿、各種主題的小型美術館與文學之家，都為山中湖更添魅力。

Transport Tips

於富士山駅出站後可轉搭周遊巴士－富士湖號(ふじっ湖号)，巡繞忍野八海、紅富士之湯、花之都公園、山中湖等景點。若待上2天1夜，可以購買「富士吉田‧忍野八海‧山中湖2日周遊券」，兩天內無限搭乘富士湖號，玩遍山中湖。

價格▷「富士吉田‧忍野八海‧山中湖2日周遊券」成人￥2000，兒童￥1000　**地址**▷富士湖號內、旭日丘巴士轉乘站、富士山駅巴士售票窗口可購買　**網址**▷www.fujikyubus.co.jp/fujikko

水陸兩用河馬巴士
水陸兩用KABA

交通 搭乘富士急行巴士於「旭日丘」站下車即達 **電話** 0555-73-8181、0570-022956 (事前預約)、090-6160-4696(當日預約) **地址** 乘船地在旭日丘BT 2F **時間** 依季節而異,約9:15起一天約9班次,人多時可能會加開,詳洽官網 **休日** 不定休 **價格** 大人￥2300、4歲~小學￥1150、3歲以下(無座位,需由家長抱坐腿上)￥400 **網址** bus.fujikyu.co.jp/kaba

從旭日丘BT出發後,先繞行陸地一小圈,沿路會有解說員一路說明,透過小問答來加深印象,達到育教於樂的效果。運行十多分後,巴士來到湖畔,重頭戲即將登場。司機會先停一下,接著一股作氣往湖裡衝!兩側濺起的水花製造了盛夏的清涼感,而巴士也正緩緩運行於水面上,真的就像河馬一樣,水陸兩棲!

巴士上會有一名導覽員生動又活潑的介紹湖畔周邊環境。

遊覽船「天鵝湖」
山中湖の白鳥の湖

交通 搭乘富士急行巴士於「旭日丘」站下車即達 **電話** 0555-62-0130 **地址** 乘船地點有二:山中棧橋(目前暫不開放)、旭日丘棧橋 **時間** 旭日丘棧橋:9:00~17:30間每30分一班,航行時段一次約20分 **休日** 冬季(12~2月) **價格** 大人￥1100、4~12歲￥550、3歲以下免費 **網址** www.yamanakako-yuransen.jp/

由水戶岡銳治經手打造的內部空間有其一貫優雅摩登的風格。其實最美的風景不是搭上這艘船,而是當這隻美麗的天鵝船靜靜的停在湖面上時,以雄偉富士山為背景的美麗的天鵝造型,

為山中湖景致再造勝景,也成為山中湖最熱門的拍照點。

◉ 白鳥浜
白鳥の浜

交通⇨搭乘富士急行巴士於「大出山入口」站下車即達　電話⇨0555-62-0130　地址⇨山梨縣南都留郡山中湖村山中湖1507-1　時間⇨自由參觀　價格⇨免費

山中湖的白鳥の浜是觀賞天鵝的絕佳地點，尤其在冬季，數百隻天鵝會飛來此地過冬，形成壯觀的景象。這裡不僅可以近距離觀賞優雅的天鵝，還能欣賞到美麗的湖景和富士山的壯麗背景。白鳥の浜設有步道和觀景台，適合散步和拍照，湖畔的寧靜氛圍使人感到放鬆。

◉ 紅富士之湯

交通⇨搭乘周遊巴士ふじっ湖號，至「紅富士の湯」下車即達　電話⇨0555-20-2700　地址⇨山梨縣南都留郡山中湖村山中865-776　時間⇨平日11:00~19:00，假日11:00~20:00，最後入場為閉館45分鐘前　休日⇨週二　價格⇨大人￥900，國高中￥700，小學生￥350　網址⇨www.benifuji.co.jp

這裡的泉質有能改善經痛、筋肉痛、關節痛、風濕、慢性消化病、懼冷等功效，最重要的是，不像一般日本錢湯只能將富士山畫在牆壁上，在露天風呂還可以看到如假包換的富士山真面目。除了庭園般的露天風呂，紅富士之湯室內池的設備也頗為齊全，氣泡浴、按摩浴、強力噴射水流、三溫暖等，雖然位於山裡但品質絕不輸給大都市裡的高級SPA。

◉ 山中湖文學之森

交通⇨搭乘富士急行巴士於「文学の森公園前」站下車即達　電話⇨三島由紀夫文學館0555-20-2655，德富蘇峰館0555-20-2633　地址⇨山梨縣南都留郡山中湖村平野506-296　時間⇨三島由紀夫文學館‧德富蘇峰館10:00~16:30(最後入館16:00)　休日⇨三島由紀夫文學館‧德富蘇峰館每週一、二(若遇假日則隔日休館)　價格⇨三島由紀夫文學館‧德富蘇峰館一般￥500，高中大學生￥300，國中小￥100　網址⇨lake-yamanakako.com/spot/10349

從位於觀光案內所後方的小山路上走進山中湖文學之森，共有15座刻有名家作品的石碑，漫步其間，除了可以來趟有益身體的森林浴，還可充實心靈。而境內的三島由紀夫文學館內收集的檔案資料可說是相當齊全，從小說、戲曲、評論與散文集，全都收錄，完整呈現以「金閣寺」聞名世界的日本作家三島由紀夫傳奇的一生。

忍野八海

交通◇富士山駅轉搭行經「御宮橋」往「內野」的富士急公車，在「忍野八海入口」下車，徒步約10分鐘　**電話**◇0555-84-4222(忍野村觀光協會)　**地址**◇山梨縣南都留郡忍野村忍草　**時間**◇自由參觀，全年無休

忍野八海，這個可眺望富士山、有著8個清澈湧泉池的村子，是富士山雪水融化流入地底後再度從這裡緩緩流洩而出，村內外錯落的泉池讓這裏不但清淨優美，也是數百年前「富士講」的靈修之處。雪水經過長達20年的歲月終自此八泉湧出，泉質清冽澄澈，透見湛藍幽邃的矽藻土池底，蔓生的水草在池中搖曳如原野風起，魚兒優游遶巡期間，如夢似幻。

忍野八海

\ 出口池 /
忍野八海中面積最大的水池，位於忍草地區的出口處。小賣店以及觀光客稀少，最可見自然之姿。

\ 御釜池 /
忍野八海中最小的水池，水池泉湧狀態類似飯鍋中熱水沸騰的模樣獲名。池水十分清澈，可於此池觀賞到藻類搖曳水中的景色。

\ 底拔池 /
形狀接近橢圓形的淺池。有著池底漩渦會吞噬人，因此禁止在此清洗物品的傳聞。

\ 鏡池 /
因為池水可以清楚倒映富士山而得名。傳說該池的水可以分辨善惡，若村裡有人發生紛爭，雙方就會用鏡池的水潔淨身體。

\ 湧池 /
池子形狀呈現倒圓錐狀。是忍野八海中泉水量以及景觀最壯闊的池子。在這裡可以清楚眺望遠方的富士山。

\ 濁池 /
如同其名，池水混濁。傳說這裡的水原本非常純淨，因為有位修行者求一杯水被拒絕，此後池水變得混濁。

\ 銚子池 /
因池子形狀像是長柄酒瓶獲名，是個間歇泉，可見到湧出的池水夾帶池底的砂石噴薄而出。有著締結姻緣的傳說。

\ 菖蒲池 /
位於鏡池東側，聽說以前菖蒲長得很茂盛。過去傳說，只要將這池子圍的菖蒲捲在身上，就能治好疾病。

不可錯過的商品還有名水豆漿和霜淇淋。

八海豆腐
八海とうふ

交通⇒從河口湖IC沿著國道138号往山湖方面前進到忍野入口信號左轉約10鐘車程、或從富士山駅搭富士急山梨士往內野方向於「承天寺」下車　**電話**⇒0555-84-3029　**地址**⇒山梨縣南都留忍野村內野537-4　**時間**⇒8:00~18:00　**休日**⇒12月31日~1月2日　**價格**⇒富士山豆腐¥250　**網址**⇒www.hakkaidofu.com

使用富士山名水、100%日本大豆再加上純手工的鹵水三個傳統三元素製成豆腐，種類眾多，提供店內試吃。店家最自豪的商品為「富士山豆腐」，原料分別為豆腐及黑芝麻，製作成富士山的形狀，食用方式簡單，淋上一點醬油即可品嚐到豆腐絕佳的原味。

釜之旗
かまのはた

交通⇒富士山駅搭乘富士急山梨巴士ふじっ湖号到「大橋」下車徒步5分　**電話**⇒0555-84-4333　**地址**⇒山梨縣南都留郡忍野村忍草357　**時間**⇒9:00~16:00　**休日**⇒不定期公休　**價格**⇒名水コーヒー(名水咖啡)¥400

かまのはた是位於忍野湧泉前方的一間土產店，因得天獨厚的地理位置，店家使用來自富士山天然甘甜的伏流水，萃取出一杯杯極品咖啡。第一口喝下，口中充滿了咖啡厚實的香醇，接著濃郁褪去，口腔只留甘甜；如同夜晚與清晨交接，濃重深意的黑消失，取而代之是清晨早風的清爽宜人。

岡田紅陽寫真美術館

交通⮕富士山駅搭往內野、平野方向的巴士，於「四季の杜おしの公園」下車即達 **電話**⮕0555-84-3222 **地址**⮕山梨縣南都留郡忍野村忍草2838-1 **時間**⮕10:00~17:00(最後入館時間16:30) **休日**⮕週二定休、其他不定休詳洽官網 **價格**⮕岡田紅陽寫真美術館+小池邦夫絵手紙美術館成人￥500、中高學生￥300 **網址**⮕oshino-artmuseum.com/

常年展示攝影家岡田紅陽的50幅富士山代表作及其使用相機。岡田紅陽為日本攝影名家，以拍攝富士山而聞名。早稻田大學入學後開始接觸攝影，1916年與富士山相遇後，開啟拍攝山嶽的興趣和堅持。拍攝的富士山風景從不重複。其從本栖湖西北岸邊所拍攝的富士山名照「湖畔の春」，是舊版千円鈔上的圖像。位在美術館旁，還有展示書法家、繪畫書信家小池邦夫作品的「小池邦夫絵手紙美術館」。

天祥庵

交通⮕富士山駅搭乘往平野、內野方向行駛的巴士，於「⸮野溫家」下車步行5分 **電話**⮕0555-84-4119 **地址**⮕山梨縣南都留郡忍野村忍草2848-2 **時間**⮕11:00~16:00※完為止 **休日**⮕週三(8月以及國定例假日無休) **價格**⮕ぶっかけそば(乾拌蕎麥麵)￥1350 **網址**⮕www4.hp-ez.com/hp/tenshoan

蕎麦職人的老闆，每日手工製作當天所賣蕎麥麵，由於蕎麥麵加入富士名水揉製，口感Q彈十足。人氣招牌為ぶっかけ，將店家附近的烤味增及自栽野菜，統統放進蕎麥麵中攪拌，即可品嘗到一道多層次麵食。吃完別忘了淋上蕎麥茶，又可品嘗到另一道香氣十足的湯品。

富士吉田

ふじよした
Fujiyoshita

山梨縣

如果由山梨縣境內出發攀登富士山，
富士吉田是必經之路。
自古以來這兒就有許多條登山路徑。

拜富士山之賜，這兒的觀光業已越見發達，
就連以富士山為名的地產啤酒都開發出來了。

在過去，
由於火山地質過於貧瘠不適於耕種，
富士吉田只是個極小的村落。

Transport Tips

◎於富士山駅出站後可轉搭周遊巴士——富士湖號，巡繞富士吉田、淺間神社、忍野八海、山中湖
　等景點。

◎富士急ハイランド駅出站後，即可抵達離富士山最近的富士急高原樂園。

富士吉田懷舊商店街

交通➡月江寺駅步行約8分　**地址**➡山梨縣富士吉田市下吉田　**時間**➡自由參觀　**注意**➡拍照時請勿任意橫越馬路，以免被車撞。

位於富士山腳下的富士吉田本町通商店街保留了昭和時代的建築風貌和獨特的街景，讓人彷彿穿越時光回到過去。商店街內除了還保有各種特色小店之外，聳立在街道盡頭的富士山，更是每個人來到裡的必拍景點。十分推薦可以在這裡漫步，感受濃厚的歷史文化氛圍，體驗富士吉田獨特的懷舊魅力。

雖然經歷過多次毀壞，但重於其價值再將鳥居修復。

金鳥居
かなどりい

交通➡富士山駅徒步10分　**地址**➡山梨縣富士吉田市上吉田(國道139線與137線交叉口)

兩條國道的十字路口，金鳥居就這麼威風凜凜地站立在這。過去為了標示「此乃前往富士山之最初之路」，由富士山信奉者們出資建立的銅製鳥居，又稱「唐金鳥居」。鳥居旁還有設立年代更古老的「通往富士山的里程標」，而此處也被認為是富士山與塵世間的分界點。

富士山博物館
ふじさんミュージアム

交通➡富士山駅轉乘巴士至「サンパーク富士前」徒步10分　**電話**➡0555-24-2411　**地址**➡山梨縣富士吉田市上吉田東7-27-1　**時間**➡9:30~17:00(最後入館16:30)　**休日**➡週二、國定假日的次日(遇國定假日、週日則無休)、日本新年　**價格**➡成人￥400、中小學生￥200　**網址**➡www.fy-museum.jp

以富士山為主題的博物館展示主題雖脫離不了富士山，但卻由於民俗為切點，以淺顯易懂而且非常生活化的內容引人入勝。其中「富士山信仰」展出歷年來攀登富士山的用具、服裝等，讓人對富士山所象徵的地位有了更深刻的體驗。除了室內靜態的展示，富士山博物館還搬來幾棟古老民宅與農舍重建於此，可說是頗為用心。

北口本宮富士浅間神社

交通◇富士山駅徒步20分　**地址**◇山梨縣富士吉田市上吉田
558番地　**電話**◇0555-22-0221　**時間**◇8:30~17:00　**網址**◇
engenjinja.jp

朝山歷史最早可以上溯至西元110年的北口本宮
富士淺間神社,至今已有近2000年的歷史,神社
位於富士山北口登山處,自古以來以朝山者的守
護神社著稱。參道兩旁高聳的杉樹非常壯觀,全
境氣氛肅誠寧靜,即使不是富士山神靈的信仰
者,在此也可得到旅途中難有的歇養。

新倉山淺間公園忠靈塔

交通◇下吉田駅徒步17分　**電話**◇新倉富士淺間神社0555-23-
697　**地址**◇山梨縣富士吉田市淺間2-4-1(新倉3353-1)
時間◇自由參觀

以拍攝富士山風景為主題的「富士見百景」
中,忠靈塔始終是個辨識度超高的景點。淺間
公園位於新倉山的山腰,雖然397個台階是個小

挑戰,但一旦克服便能將富士吉田市的風光盡
收眼底。而在此處拍攝的富士山,是最優美的
正面姿態,所以無論背景是春櫻冬雪,富士山
與忠靈塔的合照總是遊人們最樂此不疲的構圖
方式。壯觀的富士見百景與當地市民的精神指
標,將吉田風光盡收眼底。

精釀啤酒產量小，想要的不見得買得到，可以在店內喝一杯再帶自己喜歡的口味回家。

BRIGHT BLUE BREWING

交通▶下吉田駅步行5分 **電話**▶0555-25-7347 **地址**▶山梨縣富士吉田市富士見1-1-5 **時間**▶週末例假日10:00～17:00 **休日**▶週一～週五 **價格**▶精釀啤酒一杯¥900 **網址**▶www.instagram.com/brightbluebrewing

富士吉田於富士山北側，取清澈冰凍的富士山伏流水來釀製啤酒，環境絕佳。BRIGHT BLUE BREWING是一家以當地原料釀造的精釀啤酒著廠，位於富士製冰舊廠所改建的FUJIHIMURO內，訪客可以透過玻璃窗觀賞釀酒設施。啤酒的原料包括美國麥芽和啤酒花，未來也計劃使用當地的啤酒花。遊客來此不僅可品嚐特色精釀啤酒，還能一同探索富士急高地及富士山周邊的景點，享受獨特的地方風味。

金精軒 富士茶庵

交通▶月江寺駅步行8分 **電話**▶0555-23-2525 **地址**▶山梨縣富士吉田市下吉田2-4-28 **時間**▶9:00～18:00 **休日**▶週三 **價格**▶朝食飯糰套餐¥1100起，咖啡¥550 **網址**▶www.instagram.com/ideshouten

富士吉田市的老字號井出商店創立於明治1□年，其分店「金精軒富士茶庵」於2023年在本町通商店街開業，是山梨縣代表點心「信玄餅」的姐妹店。一樓店鋪提供金精軒招牌豆沙、信玄麻糬、銅鑼燒等受歡迎的日式點心。二樓的「富士茶庵」咖啡空間則於同年4月開業，設有榻榻米和沙發座椅，提供放鬆休憩的環境。從位置可以遠眺富士山，寬敞的窗戶讓涼爽微風輕拂而來，為用餐增添了愉悅的氛圍。

FabCafe Fuji

交通▶下吉田駅步行8分 **地址**▶山梨縣富士吉田市下吉田3-5-16 **時間**▶8:00～17:00 **休日**▶週二 **價格**▶朝食餐盤¥1200，手沖咖啡¥500起 **網址**▶fabcafe.com/jp/fuji/

FabCafe Fuji是由八木毅領導的DOSO所經營的咖啡廳，座落於富士吉田市，是繼東京、京都、飛驒和名古屋之後，全球第14家、日本第5家FabCafe。前身為空置的房屋，經過翻修後變成了現代而開放的空間，透過這些創意空間，讓當地的生活和旅遊更具活力。店內高聳的天花板和玻璃窗，讓整體氛圍格外寬敞舒適，不僅可以享用美食，還可以參加定期舉辦的活動，增添旅行的樂趣。

富士急樂園
富士急ハイランド

交通⇒富士急ハイランド駅下車即達 電話⇒0555-23-2111 地址⇒山梨縣富士吉田市新西原5-6-1 時間⇒平日9:00~17:00、週末9:00~18:00，另有不定休，詳細開園時間請上官網查詢 休日⇒不定休 價格⇒一日券大人￥6000~7800，國中高中生￥5500~7300，國小￥4400~5000，幼兒及長者￥2100~2500(價格浮動，以官網為主) 網址⇒www.fujiq.jp/

坐落在富士山旁，邊玩著驚險刺激的遊樂設施還可以欣賞壯麗的富士山美景，喜歡挑戰新鮮遊戲的人千萬不要錯過，無論是大人小孩，保證讓你玩得過癮。除了尖叫連連的遊樂設施，富士急高原樂園內還有哈姆太郎、湯瑪士小火車、麗卡娃娃等小朋友們最愛的卡通人物。此外，玩累了樂園旁就有飯店和溫泉，輕鬆休息一夜，補充體力繼續玩！

富士山傳奇 FUJIYAMA

價格⇒￥2000 備註⇒身高110公分以上、年齡64歲以下

爬升最高、衝刺最快、俯衝角度最陡、左右搖擺180度等等，一趟下來大概要花上5分鐘以上，原本緊繃的心情在這一趟瘋狂的旅途中都得到解放。

極速天地大迴轉
ええじゃないか

價格⇒￥2000 備註⇒身高125~200公分、年齡64歲以下

世界金氏紀錄認定總迴轉圈數世界第一的極速天地大迴轉，從0到1.8秒可加速到172公里，加上倒退著前進的方式，絕對讓人尖叫。

高飛車 タカビシャ

價格⇒￥2000 備註⇒身高130公分以上、年齡64歲以下

從一開始就來個直角大轉彎，整個人被垂直往下懸掛半空中後緊接著就是旋轉121大角度的直落軌道，驚叫已經不能讓人保持神智！

富士飛行社

價格⇒￥1500 備註⇒身高110公分以上、年齡4歲以上

坐在懸吊式的座椅上，感受著徐徐的涼風、清新的氣味，耳邊傳來久石讓大師創作的優美樂曲，從20公尺的巨大畫面中零死角地觀賞富士山美景。

戰慄迷宮～慈急総合病院～

價格⇒一組4人￥8000，持一日券一組4人￥4000 備註⇒無身高限制、年齡限制小學生以上，小學生需有國中以上陪同者。途中有寫著「脱出口」的綠色牌子指示緊急出口的方向，如果實在受不了驚嚇可以中途退場。

陰森森的庭院後面立著一棟4層樓破舊建築，佔地約100坪，跟著醫護人員進入醫院大樓，泛著慘綠的光線不時傳來尖叫聲，日本第一鬼屋探險即將展開。

富士五湖

山梨縣

ふじごこ
Fujigoko

富士山麓多湖，特別是在北側山梨縣，隨著火山熔岩而生的天然地貌。富士五湖——本栖湖、精進湖、西湖、河口湖、山中湖。都是火山堰塞湖。

近來本栖湖、精進湖、西湖也有許多景點與戶外活動受到重視，時間充裕的話可別錯過。

因為湖面平靜，各種逆富士在五湖中競美，其中以河口湖與山中湖名氣響亮，常為觀光客造訪此區域的首選。

Transport Tips

建議在玩富士五湖時可以搭乘レトロバス(周遊懷舊巴士)，有河口湖線、西湖・青木之原，與鳴沢・精進糊・本栖湖等循環線可利用，停留各個重要景點，非常方便。

價格☆一日券大人￥1500、小孩￥750，二日券大人￥2000、小孩￥1000　**購票地址**☆巴士內、河口湖車站售票處可購買一日券、二日券　**網址**☆bus.fujikyu.co.jp/rosen/shuyu

西湖

交通 在河口湖駅搭乘河口湖周遊巴士西湖線，約40分至「根場民宿」站下車

西湖就像是富士五湖中的自然教室，有天然的火山溶岩洞、蝙蝠洞以及觀鳥的野鳥之森公園，加上廣大的青木ヶ原樹海的探險步道就在附近，許多戶外活動十分盛行，是親自大自然的好地方。

精進湖

交通 河口湖駅搭乘富士急巴士，約50分至「山田屋ホテル」站下車

就觀光設施而言，比起其他四個湖，精進湖至今尚未開發，但也正因如此，此地保留了最原始風貌，湖畔沒有任何人工建築，只有一整片的青青樹海。精進湖的面積是富士五湖中最小的，湖周只有5公里，但小雖小，卻是光芒萬丈的，早在明治年間的1895年，就有一位英國人來此，讚譽此地所見的富士英姿是環山一帶最美的角度；從精進湖展望富士山時，會發現正前方還有個小山，彷彿母山環抱著子山，「二重母子山」也正是精進湖的特殊景致。

西湖野鳥之森公園

交通 河口湖駅搭乘河口湖周遊巴士西湖線，至「西湖野鳥の森公園」站下車 **地址** 山梨縣南都留郡富士河口湖町西湖2068 **電話** 0555-82-2160 **時間** 9:00~17:00 **休日** 週四 **價格** 入園免費

這兒一帶由於林木茂密，是觀賞野鳥的好地方，公園內並設有望遠鏡，讓剛入門的人也能輕鬆上手；此外還設有體驗教室，可以自己動手做出簡單的木材工藝品，特別受到小朋友的歡迎。走出戶外，野鳥之森公園還有一個可以遠望富士山的大草坪，不但是休憩身心的好地方，每到夏天，這兒還會舉辦綠色園藝節、秋天有香菇節，到了冬季則是樹冰祭典的舉辦場地，一年四季皆有不同風情。

本栖湖遊覽船もぐらん

交通⟫河口湖駅搭乘富士急巴士，約1小時至「本栖湖」站下車 **電話**⟫0555-72-0029 **時間**⟫7月中旬~8月下旬，每天10班次，從9:30起每隔40分一班 **價格**⟫大人￥1000、小學生￥500 **網址**⟫www.fujigokokisen.jp/contents/mogrun/

本栖湖是富士五湖中最深的一個湖，湖深達138公尺，比山中湖的16.5公尺、河口湖的21公尺、精進湖的25.5公尺以及排名第二深西湖的91公尺都還要深上許多許多，因此，本栖湖也是富士五湖中最具神秘色彩的一個湖。像是艘大型的黃色潛水艇，藍色座椅和圓形的紅色小圓窗，像隨時準備要出發海底世界。雖然無法真正潛入海底，卻可以從透明的船底觀察窗一窺水中世界，魚兒就在腳下優游。

西湖療癒之里根場
西湖いやしの里根場

交通⟫河口湖駅搭乘河口湖周遊巴士西湖線，40分至「西湖いやしの里根場」站下車 **地址**⟫山梨縣南都留郡富士河口湖町西湖根場2710 **電話**⟫0555-20-4677 **時間**⟫3~11月9:00~17:00、12~2月9:30~16:30(最終入場為閉館半小時前) **價格**⟫高中以上￥500、中小學生￥250 **網址**⟫saikoiyashinosatonenba.jp

西湖療癒之里根場就位於富士山旁的西湖湖畔，過去曾經因為颱風來襲造成嚴重土石流，村民被迫遷村，2005年開始計畫重建，隔年正式開幕。療癒之鄉裡有許多茅草蓋成的民家，風景極佳，各個民家裡有不同的體驗課程，包含手織布、手工薰香等，還設有賣店與餐廳，喜歡手作體驗的人千萬不要錯過！

本栖湖

交通⟫河口湖駅搭乘富士急巴士，約1小時至「本栖湖」站下車

如同英國的尼斯湖，這兒自古相傳也有神怪棲息於此；本栖這個名字就是「原本的棲所」之意。相傳湖中的龍神在富士山噴火時會告示村民，但村民需於避難後再回到「原本的棲所」居住。此外，本栖湖也是富士五湖中唯一的不凍湖，即使是冬天，湖水溫度也不會低過攝氏四度。舊日幣千圓紙鈔上的圖案，正是此地的日出。

拿出紙鈔比對看看，是否可以看得出來本栖湖與富士山圖案？

◎ 旅の駅 kawaguchiko base

交通 河口湖駅開車約10分　**電話** 0555-72-9955　**地址** 山梨縣南都留郡富士河口湖町河口521-4　**時間** 9:30～17:30　**休日** 不定休　**網址** www.kawaguchikobase.com/

2022年夏季，河口湖東側新開了一處商業設施「旅之驛河口湖基地」。這個廣達4000坪的設施被自然美景環繞，提供豐富的本地特產商品，讓人們能在熱鬧的市集中挑選心儀的紀念品。設施內的餐廳以地產地消為主題，提供山梨和富士地區的美食，讓遊客充分體驗富士山的魅力。來到這裡，不僅能享受美食，還能感受大自然的療癒力量。

terrace kitchen

地址 旅の駅 kawaguchiko base內　**時間** 9:30～17:30（L.O. 16:30）　**價格** 信玄雞野菜焗烤￥1580，富士櫻豬肉咖哩￥1480、富士山丼￥3980

露天平台、明亮的陽光照射下，店內充滿溫馨氛圍，可以在自然和美麗庭園的環繞下享用美食。餐廳提供以山梨縣當地特色為基礎的創意料理，另外像是當地人長年愛載的美食也都吃得到。

🍸 7c store&lounge

交通 河口湖駅開車約10分　**電話** 0555-25-7668　**地址** 山梨縣南都留郡富士河口湖町河口512-2旅の駅 kawaguchiko base旁　**時間** 9:30～17:30　**價格** 竹炭霜淇淋￥800、葡萄酒試飲一杯￥300起　**網址** www.7cwinery.com/store

seven cedars是山梨當地的酒莊，在這裡開設了概念店，融合了日本獨特的美學和現代設計，提供舒適的環境。除了品嚐7c winery的美酒外，還提供手工製作的輕食和有機咖啡與焙茶，讓每位訪客都能享受精緻的品味與放鬆的時光。

富士吉田休息站
道の駅 富士吉田

交通◎中央自動車道經由河口湖IC，往山中湖方向約10分；東富士五湖自動車道經山中湖IC，往富士吉田方向約10分 **地址**◎山梨縣富士吉田市新屋3-7-3 **電話**◎物產館0555-21-1033，觀光案內所0555-21-1225

富士吉田休息站，位在國道139線絕佳的位置，是從富士山東南側要進入河口湖前的必經之處。休息站緊臨親水公園，內部更有觀光案內所、兒童遊戲巨蛋、餐廳、當地物產與富士山氣象觀測雷達館等，結合休閒與教育，適合全家大小同遊。

富士山雷達站

時間◎9:00~17:00(最終入館16:30) **休日**◎週二（遇假日營業，8月無休） **費用**◎大人￥630、國小至高中生￥420、未就學兒童免費

完工於1964年的富士山頂雷達站，主要功能是用來觀測全國氣侯，在經歷了35個年頭，在天氣預報與災害防止一盡了極大貢獻後，1999年因觀測技術發達而廢止。2000年搬移至現址，作為記錄日本電氣工學技術與教育參觀之用，來到這裡除了可見証當時雷達建設時景況，在2樓還能體驗富士山頂溫度-5℃、風速13m/h的惡劣氣候。

富士山啤酒

電話◎0555-24-4800 **時間**◎平日11:00~16:00，假日11:00~18:00 **休日**◎週三 **網址**◎www.fujiyama-beer.com

以富士山天然湧泉釀造的富士山啤酒，在休息站開設了直營店面，除了提供三種口味、最新鮮的現釀啤酒之外，以富士山麓農場飼養的豬肉為首，各種口味的咖哩飯、豐富多元的餐點讓大人小愛都能盡情享受富士山麓的大地恩惠。

> 開 車 不 喝 酒 · 喝 酒 不 開 車

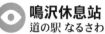

鳴沢休息站
道の駅 なるさわ

交通≫東富士五湖道路富士吉田IC開車約10分；中央自動車道經由河口湖IC開車約10分 地址≫山梨縣南都留郡鳴沢村字ジラゴンノ8532-63 電話≫0555-85-3366

立在富士五湖中心位置的鳴沢休息站，除了是眺望富士山的絕佳位置之外，離青木原樹每也十分近，是兜風探險的最佳中繼站。休息站前「不尽の名水」為富士伏水湧泉，可以自由飲用。名物饅頭使用當地農產製成，8種不同顏色的可愛饅頭近年人氣直升，不只好看更是美味又營養。而休息站附設的富士山博物館、自然探索路、溶岩樹型等可以學習富士山的自然與歷史，開車累了不妨來此休息。

鳴沢富士山博物館

電話≫0555-20-5600 時間≫9:00~18:00，12月底~3月底9:00~17:00(最終入館為閉館前半小時) 費用≫免費參觀

結合鑛石博物館的なるさわ富士山博物館，從上古時代的富士山開始，藉巨大恐龍模型不時舞動讓人感受上古的迫力。接著來到影片區，從大銀幕來段富士山小旅行，讓人心折在富士的四季美景之下。另外富士伏水、自然生態等各樣介紹也豐富了旅人們求知的想望。

勝山休息站
道の駅 かつやま

交通≫中央自動車道經由河口湖IC開車約10分 地址≫山梨縣南都留郡富士河口湖町勝山3758-1 電話≫0555-72-5633

位在河口湖畔的勝山休息站，門前的小海公園與河口湖景色充滿休閒氣氛，而長達1.6公里的湖畔遊步道更是欣賞湖色的絕佳場所，傍晚時倒映在湖面的暮色更是為這方天地染上一抹橘紅，開車累了不妨下來走走，活動筋骨，欣賞自然折衷的水邊景色。

休息站食堂
時間≫平日9:30~16:00，假日9:30~16:30

富士吉田知名的居酒屋「糸力」提在勝山休息站開幕時，將這美味咖哩引進，讓往來的旅客不用到本店也品嚐到道地的咖哩美味。糸力咖哩可分為四個口味，各自用的香料、肉類都不同，人多時不妨點不一樣的互相比較口味，也是一種樂趣。當然除了糸力咖哩，也供應一般的烏龍麵、蕎麥麵、飯食等等，選擇多樣且富有變化。

富士山在日本人心中有著崇高的地位，長年來人們透過詩歌、繪畫讚頌彰顯他，更設立淺間神社敬拜他。

富士宮
ふじのみや
Fujinomiya
靜岡縣

來到這裡不能忘了吃上一盤富士宮炒麵，再到較遠的朝霧高原體驗自然之美。

眾多淺間神社中，便以富士宮的本宮淺間大社為最大，連山頂的神社皆是這裡的奧宮。

Transport Tips

◎富士宮駅周邊景點可用步行串聯。自富士宮駅出站後右手邊即是巴士站，可轉乘至新富士駅、富士山駅、富士宮口五合目登山巴士等。

◎**富士山西麓巴士2日周遊券(富士山西麓バス周遊きっぷ)**：票券適用2日內於新富士駅~富士宮駅~河口湖駅~富士山駅路線、富士宮駅~大石寺入口路線、富士宮駅~白系之瀧~休暇村富士間路線、富士宮市內觀光巴士「強力君」(強力くん)，以及河口湖周遊巴士(紅色河口湖線、綠色西湖線、藍色鳴沢・精進湖・本栖湖線)等，自由搭乘多條線路巴士。

價格◎成人￥3500，兒童￥1750 **購票地址**◎新富士駅、富士宮駅、河口湖駅、富士山駅
網址◎bus.fujikyu.co.jp/otoku/fujisan-seiroku

屋頂的展望台可以眺望美麗山景。

◎ 靜岡縣富士山世界遺產中心
静岡県富士山世界遺産センター

交通▷富士宮駅步行8分　**電話**▷0544-21-3776　**地址**▷靜岡縣富士宮市宮町5-12　**時間**▷9:00～17:00　**休日**▷每月第3個週三、年末　**價格**▷常設展¥300　**網址**▷mtfuji-whc.jp

靜岡縣富士山世界遺產中心是一個致力於保護、保存和傳承富士山世界遺產的設施。沿著全長193公尺的螺旋坡道，體驗從海平面到富士山頂的登山過程。常設展中展示其活躍火山的特性，以及約3萬5千年前人類與富士山相遇的歷史故事。另外還介紹了富士山的信仰價值，展示其美麗景色和豐富自然如何成為日本人心靈的寄託。從高山帶到駿河灣的生態系統，展現了富士山頂雪水和雨水對生命的支持。這裡的展覽不僅展示了富士山作為活火山的威脅，也探討了其在人們心中的地位和未來。

⛩ 富士山本宮淺間大社

交通▷富士宮駅徒步10分。開車走新東名快速道路經由新富士▷約20分　**電話**▷0544-27-2002　**地址**▷靜岡縣富士宮市宮町-1　**時間**▷3、10月5:30～19:30，4～9月5:00～20:00，11～2月6:00～19:00　**網址**▷fuji-hongu.or.jp/sengen/

日本全國1300間淺間神社的總本宮、富士信仰中心據點，正是本宮淺間大社。淺間大社的主神為「木花之佐久夜毘売命」，又叫做淺間大神，她是在日本神話中登場的美麗女神，其本尊就是富士山。淺間大社歷史可上溯至平安時代，朱紅色

境內「湧玉池」水色純淨透明，許多信眾會帶著保特瓶來裝山泉水。

主殿為德川家康所捐贈，對稱優美的雙層結構被稱為「淺間造」樣式。

炒好的麵再撒上鰹魚鱗魚粉，頓時香氣撲鼻，讓人吃得欲罷不能。

 お宮橫丁

交通➡富士山本宮淺間大社對面 電話➡0544-25-2061 地址➡靜岡縣富士宮市宮町4-23 時間➡10:00~17:30，夏季10:00~18:00 網址➡omiyayokocho.com/

逛完宏偉華美的淺間大社，剛踏出大鳥居，對面的お宮橫丁正飄出濃郁香氣。小小街道兩旁聚集各種小吃、咖啡店、冰淇淋等，更少不了富士宮最出名的美食－富士宮炒麵與黑輪，每一家都差不多，選看得順眼的店家買一份，坐在中庭的桌椅食用吧。

標準的靜岡黑輪，會在滷得深色的黑輪料上撒青海苔、鰹魚粉等一起食用，十分具有地方特色。

 **杉本鐵板燒**
鉄板焼きすぎ本

交通➡西富士宮駅徒步4分 電話➡0544-26-4477 地址➡靜岡縣富士宮市西町16-3 時間➡11:00~15:00，17:00~21:00，週末假日~20:30 休日➡周二 價格➡お好み焼き(大阪燒)￥460，焼きそば(炒麵)￥460 網址➡teppanyaki-sugimoto.com/ 備註➡想要同時品嘗大阪燒與炒麵的人可以造訪本店，若只想吃炒麵的可以至位在お宮橫丁裡的分店

富士宮炒麵與一般炒麵最大的不同在於使用的麵體，這裡用的麵在製成後放涼直接淋上油，不再用水燙過，所以麵體的水份較少。杉本鐵板燒是富士宮的老店，除了富士宮炒麵之外，大阪燒也是一絕，在熱燙燙的鐵板上享用現作大阪燒，甘甜蔬菜與麵糊完美結合，加上特製醬料一吃難忘。

 富士高砂酒造

交通➡從富士山本宮淺間大社徒步10分 電話➡054-427-2008 地址➡靜岡縣富士宮市宝町9-25 時間➡9:00~17:00 休日➡不定休 價格➡山廢大吟釀￥4199 網址➡fuji-takasago.com/

富士高砂酒造自1830年創業至今，位於「富士山本宮淺間大社」西側，以富士山伏流水和能登杜氏的傳承技術釀製日本酒。這些水經過100年的自然濾過，釀出的酒口感柔和，帶有淡淡的甜味。富士高砂酒造以超軟水釀

酒，技術要求高，能最大限度地保留米的鮮美。初代正吉因 曲「高砂」中的松樹綠意而命名了「高砂」這個品牌，寓意夫妻和睦、長久幸福。2019年，「高砂 山廢純米辛口」和「高砂 山廢純米吟釀」在國際比賽中獲得金獎，展示了富士高砂酒造的卓越品質和傳承技藝。

田貫湖

交通◇富士宮駅搭乘富士宮靜岡巴士往猪の頭或休暇村方向車程約45分，至「田貫湖キャンプ場」或「休暇村富士」站下車
地址◇靜岡縣富士宮市佐折634-1

處朝霧高原上的田貫湖，是兩、三萬年前經由火山噴發蓄積而成的窪地，為確保水源而將狸沼擴增為面積約0.3平方公里，全長約4公里的人工湖，造就今日景況；天晴時倒映湖面的富士山極為美麗。

小田貫溼原

交通◇富士宮駅搭乘富士宮靜岡巴士往休暇村方向車程約5分，至「田貫湖南」站下車徒步15分　地址◇靜岡縣富士宮市猪の頭　網址◇fujinomiya.gr.jp/guide/173/

沿田貫湖北邊田貫神社旁的木棧道前行，會接至富士山西麓唯一的溼地「小田貫溼地」，走過針葉林來到溼地，其原由東側、中央與西側組成，面積最大的西側由81個池塘組成、中央由44個池塘組成，山巒環抱下的小田貫溼原在夏季草長馬壯時期，還見得到這裡獨有的溫帶溼原種青蛙與蜻蜓等等。

 馬飼野牧場
まかいの牧場

交通◇搭乘河口湖駅~富士宮駅的富士急巴士，於「まかいの牧場前」巴士站下車，自駕可由國道139線抵達　電話◇0544-54-0342　地址◇靜岡縣富士宮市内野1327-1　時間◇9:30~17:30(10月21日~2月20日 9:30~16:30)　休日◇不定休　價格◇3~11月大人(國中以上)￥1200、3歲以上小孩￥900，12~2月大人(國中以上)￥1000、3歲以上小孩￥700　網址◇www.makaino.com/

馬飼野牧場位於富士山麓的朝霧高原上，來到這裡可以能貼近青山綠意，在大片青草地上盡情奔跑。園內飼養乳牛、綿羊、馬兒等動物，並讓遊客體驗騎馬、剃羊毛，甚至帶著山羊嚮導在園內散步。餐廳中用各種農場鮮摘的蔬果烹調成美味料理，令人食指大動，至於飯後當然要來一隻鮮奶霜淇淋，香濃滋味齒頰留香。

◎ 白絲瀑布
白糸の滝

交通▶富士宮駅前搭乘到白糸の滝的路線巴士，至「権現橋」站下車徒步5分。自駕可由國道139線抵達 **電話**▶富士宮市観光協会0544-27-5240 **地址**▶靜岡縣富士宮市上井出 **時間**▶自由參觀

橫跨200公尺環形黑熔岩壁所流洩而下的白絲瀑布，襯著攀藤在岩壁上夏日的暢綠、秋野的松楓，如絲絹又如銀白的額髮一般蕩漾，在湛藍池心激起一片虹彩；白絲瀑布最特別的是其水流不是從崖上傾瀉而下，而是從崖壁間滲出，才有飄渺的涓涓之姿，這也是富士山經過多次噴發，多層次的火山堆積物所造就的地貌。附近的音止瀑布也可當順遊景點，高段差的瀑流蔚為奇觀。

◎ 道の駅朝霧高原

交通▶搭乘河口湖駅~富士宮駅的富士急巴士，於「道の駅朝霧高原」巴士站下車、中央自動車道經由河口湖IC，沿國道139號往富士宮方向開約35分、東名高速道路富士IC，往河口湖方向走國道139號約45分 **電話**▶0544-52-2230 **地址**▶靜岡縣富士宮市根原字宝山492-14 **時間**▶販賣區8:00~17:00，食堂9:00~17:00(最後點餐16:00) **網址**▶www.asagiri-kogen.com/

位在朝霧高原上的休息站，除了當地物產與伴手禮之外，食堂裡的美味定食也是許多人必吃的品項。下午來到休息站喝杯高原牛奶，買些當地的水果補充維他命C，盡情呼吸高原特有的清新空氣。

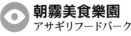

◎ 朝霧美食樂園
アサギリフードパーク

交通▶搭乘河口湖駅~富士宮駅的富士急巴士，於「道の駅朝霧高原」巴士站下車、自駕可由國道139線抵達 **電話**▶0544-29-5101 **地址**▶靜岡縣富士宮市根原449-11 **時間**▶工房、販賣處9:30~16:30，餐廳11:00~14:30 **休日**▶工房、販賣處12~4月週四定休，餐廳不定休 **網址**▶asagiri foodpark.com/

朝霧美食樂園一口氣囊括乳品牧場、酒造、點心店、茶專賣店、餐廳等6種不同類別的品牌，遊客來到綠意盎然的園區，不但能在餐廳大飽口福，亦可參觀工廠生產線，在酒造品酒。點心店「上野製果朝霧工房」推出製作餅乾體驗，把處理好的麵糰作成各種形狀，深受小朋友歡迎。

御殿場

ごてんば
Gotennba

静岡縣

攀登富士山為御殿場市帶來許多遊客，而市內最有名的高原啤酒和御殿場火腿，成為犒賞登山客辛勞的最大魅力。

市街風景與人文風情讓人看到富士山的不同面相，是順遊富士周邊不能遺漏的城市。

御殿場的PREMIUM OUTLETS
超大型折扣商城，造成購物的熱潮，是人氣長溫的超級景點。

Transport Tips

◎御殿場駅富士山口側出站，可轉搭巴士前往河口湖、山中湖方向。

◎御殿場駅乙女口側出站，2號月台可搭乘前往御殿場PREMIUM OUTLET、御殿場高原時之栖的免費巴士，3號月台可轉搭往箱根方向巴士

御殿場PREMIUM OUTLETS
御殿場プレミアム アウトレット

交通➔從東京品川、新宿、東京、羽田機場等地都有直達巴士。從箱根湯本、強羅、富士急High Land、河口湖駅等地也有直達巴士，詳細資訊請洽官網。自御殿場駅有免費穿梭巴士可利用。若開車可經由御殿場IC進入市區，走一般道路約8分即達 **電話**➔0550-81-3122 **地址**➔静岡縣御殿場市深沢1312 **時間**➔10:00~20:00 **休日**➔2月第三個週四 **網址**➔www.premiumoutlets.co.jp/gotemba/ **備註**➔外國觀光客可憑護照換取折價券，折扣依品牌不一

PREMIUM OUTLETS是源自美國的折扣商城，御殿場市裡的店舗是日本第二家。在這樣一個可以說有點偏僻的地方竟然出現這麼大的折扣商場，實在令人吃驚，但是超過205家商店的龐大規模、80%至60%的驚爆折扣、本地與進口高級名牌貨品齊全、顏色款式尺寸選擇多樣化等等優點，都是人潮爆滿的最大原因。

御殿場店限定的「四季の富士」，只在春夏秋冬四季各自販售。

 ## 虎屋
とらや

交通➔御殿場駅徒步9分 **電話**➔0550-83-6990 **地址**➔静岡縣御殿場市新橋728-1 **時間**➔10:00~17:30 **休日**➔日本新年 **價格**➔四季の富士店限定，富士山羊羹)+飲品¥1650、羊羹+飲品¥1540 **網址**➔www.toraya-group.co.jp

於京都發跡的和菓子老舗「虎屋」，從室町時代便是獻給天皇的御用菓子舗，創業至今已有近五百年歷史，約於明治時期將本店轉移至東京。御殿場店裡廣闊的空間中優雅地擺放商品，最著名的虎屋羊羹更是人氣商品。

 ## 虎屋工房
とらや工房

交通➔開車經由東名高速御殿場IC經由第二出口，至湖水前交叉點左轉直走，約5分即達 **電話**➔0550-81 2233 **地址**➔静岡縣御殿場市東山1022-1 **時間**➔4~9月10:00~18:00、10~3月10:00~17:00 **休日**➔週二、年末年始 **價格**➔どら焼き(銅鑼燒)¥260 **網址**➔www.toraya kobo.jp

虎屋工房與市街中的虎屋不一樣，穿過茅葺屋門後半圓弧建築與綠意結合，品嚐美食 之際也能欣賞庭園景致。這裡的和菓子有獨特的食材比例，原料也使用鄰近城鎮生產的；像是招牌銅鑼燒，利用地產的品牌櫻花蛋(さくら玉子)混和麵粉，煎出有彈性的餅皮，夾入紅豆餡，最後烙上虎屋工房特有的富士山印記，視覺簡單卻味覺華美，讓人一吃難忘。

東山旧岸邸

交通◇御殿場駅轉搭計程車約15分鐘　地址◇靜岡縣御殿場市東山1082-1　電話◇0550-83-0747　時間◇4~9月10:00~18:00，10~3月10:00~17:00(最終入館為閉館前半小時)　休日◇週二、年末年始　價格◇入館成人￥300，中小學生￥150　網址◇www.kyu-kishitei.jp

此處為曾擔任日本第56、57階首相岸信介晚年居住的房子，建築座落在東山滿庭綠意之中，由建築家吉田五十八設計。從外觀看來十足日式的房舍，一進入室內便能感受到和洋折衷的風格，在日本傳統屋敷的根基上導入洋風技法，建築素材更大膽使用PVC材質等工業素材，是紀錄日本建築演進的代表作。

🍴 maison kei

交通◇御殿場駅轉搭計程車約15分鐘　地址◇靜岡縣御殿場市東山527-1　電話◇0550-81-2231　時間◇11:30~15:00，17:30~21:00　休日◇週二、三　價格◇午餐DÉCOUVERTE￥5500，VOYAGE￥9500，PRESTIGE￥14000　網址◇www.maisonkei.jp　備註◇預約制

Maison KEI是一家由巴黎的法式餐廳「Restaurant KEI」與和菓子店「虎屋」共同創辦的法式餐廳。遠離巴黎和東京的喧囂，Maison KEI選址於食材與水資源豐富的靜岡縣御殿場市東山。客人在這裡可以一邊欣賞富士山美景，一邊享用小林圭創作的精緻料理。這是一個結合法式精緻料理與日式傳統的獨特餐飲體驗，Maison KEI注重食材的生命，通過精心烹調讓其達到最佳美味，讓客人記住這份美味的回憶。

◉ 麒麟威士忌御殿場蒸餾所
キリンディスティラリー富士御殿場蒸溜所

交通➡御殿場駅前2號線，搭往「河口湖・富士学校」公車約15分，在「水土野」站下，徒步約5分鐘。或開車經由東名高速御殿場IC轉國道138號即達 **電話**➡0550-89-4909 **地址**➡静岡縣御殿場市柴怒田970 **時間**➡見學行程平日10:30~14:10、周末9:30~14:10，每次約80分鐘 **休日**➡週一(如遇假日則順延一天)、年末年始 **價格**➡見學行程20歲以上￥500、未滿20歲免費 **網址**➡www.fujigotemba-distillery.com **備註**➡見學需要預約，可至官網或電話預約

佔地5萬坪的麒麟威士忌蒸餾所位在靠近富士

山、海拔620公尺的一片綠地森林當中，蒸餾所生產的威士忌都是使用來自富士山的雪融化後，滲入地下、經過長時間過濾、沉澱的純淨天然水。其次是溫度；年平均溫度保持13度的高原性冷涼氣候，讓威士忌在橡木桶成熟的時候有最理想的環境。

\ Step1 導覽 /
參加導覽行程，由專業的工作人員為你詳細說明。

\ Step2 蒸餾 /
近距離欣賞巨大的威士忌蒸餾器。

\ Step3 發酵 /
用來進行發酵作業的的發酵槽

\ Step4 包裝 /
有時也能夠看見工作人員實際操作的情況。

\ Step5 試飲 /
可以試喝「富士」與「陸」兩款威士忌。

\ Step6 賣店 /
可以購買這裡限定的威士忌。

🍴 荒井園

交通⇒御殿場駅徒步約30分。開車由御殿場IC接國道138號線轉足柄街道，再由縣道78號線直行約5分即達 電話⇒0550-82-0244 地址⇒静岡縣御殿場市御殿場80 時間⇒9:00~18:00 休日⇒日本新年 價格⇒富士山紅茶(茶包15入)¥870，銘茶錦井水¥1080 網址⇒www.araien.co.jp

由荒井友吉創立的荒井園，自1888年起便在御殿場紮根、發芽，昭和五年被賜與「獻上茶」的美譽以來創立多項茶品，不只發揚日本煎茶、綠茶文化，也堅持以日本產茶葉烘出香味馥郁的紅茶，2013年更遠征英國Great Taste Awards，以華美茶香與恰到好處的甘韻，在近8千個品項中奪下紅茶金牌，戴譽歸國。

🍴 金太郎蕎麥麵
金太郎そば

交通⇒御殿場駅徒步約20分。開車由御殿場IC約5分即達 電話⇒0550-83-6608 地址⇒静岡縣御殿場市二ノ岡一丁目4-8 時間⇒11:00~15:00、17:00~21:00 休日⇒週二、每月第三周週一 價格⇒かけそば(蕎麥湯麵)¥691 網址⇒kintaro-soba.com

金太郎蕎麥麵最大的特色加入多汁的山芋泥，因此做出來的蕎麥麵特別Q，還含有特殊香味。富士山山麓含有充沛的雪融水，滲入地下變得格外清澈冰涼，適合山芋生長；除了麵質本身不同之外，配料也與眾不同，有静岡縣特產的鴨肉、山豬肉、山菜等等，充分展現「山野」特色。

👁 駒門風穴

交通⇒富士岡駅徒步20分 電話⇒0550-87-3965 地址⇒御殿場市駒門69 時間⇒9:00~17:00(12~2月9:00~16:00) 休日⇒週一 價格⇒大人¥300、中高學生¥200、小學生¥100

駒門風穴是因為富士山噴發，而由溶岩形成的隧道，為日本國內最大的溶岩洞穴。風穴分成本穴與枝穴兩條通道，本穴長度有290公尺、支穴120

公尺，通道內部相當陰涼，有許多鐘乳石以及溶岩冷卻後形成的奇岩怪石，循著步道走一圈約15至20分鐘。

沼津

ぬまづ
Numazu

靜岡縣

沼津是日本重要漁港，位在靜岡的東部，接近伊豆半島，也是竹筴魚魚的重要產地。

想要體會沼津魅力，便要逛逛魚市場，嚐嚐現撈海產，大啖美味壽司與人氣漢堡，離開前再帶份曬魚乾當伴手禮！

漁港大街遊客摩肩擦踵，都是為了品嚐最新鮮的駿河灣鮮魚，大排長龍也讓人心甘情願。

Transport Tips

◎出沼津駅後，可在南口轉搭巴士至沼津港。白天大概1小時有3~4班車，最晚的車約在19:00左右發車。單程約15分，￥200。

◎若是步行則沿著大路走約30分鐘即達。

> 燒烤、壽司、漢堡等餐廳，
> 都在港八十三番地集合！

◎ 沼津港水門BYUUO
大型展望水門びゅうお

交通⇒沼津駅轉搭巴士，在「沼津港」下徒步10分 **地址**⇒靜岡縣沼津市本字千本1905番地の27 **電話**⇒055-963-3200 **時間**⇒10:00~20:00，週四~14:00 **價格**⇒大人¥100，小孩¥50 **網址**⇒byuo.jp/

連結沼津港內港與外港航線，高9.3公尺，寬40公尺，重量達405噸的水門為日本最大規模。建造的主要目的是為了防止海嘯襲來造成繁華港口的傷亡，而水門的頂部也設置了展望台，讓人到離地面30公尺的展望迴廊，360度眺望愛鷹山、富士山與駿河灣，落日時來欣賞港灣剪影也十分優美。

◎ 沼津港魚市場INO

交通⇒沼津駅轉搭巴士，在「沼津港」下徒步5分 **電話**⇒055-962-3700 **地址**⇒靜岡縣沼津市千本港町128番地3 **時間**⇒朝市競標賣會5:45~7:00，其它餐廳依店家不同，大約10:00~20:00 **休日**⇒朝市競標賣會於每周六休市，其餘時間不定休 **網址**⇒www.numaichi.co.jp

沼津港集漁港、市場與餐廳於一地，每逢周末假日盛況非凡，到處擠滿來漁港嘗鮮的遊客。每天清晨漁船入港卸貨後，5點45分左右便是熱鬧的競標賣會，遊客可從2樓空中走道參觀，感受大聲叫賣與還價的盛況。看完競標會後更可至臨近餐廳享用最新鮮的海鮮，一飽口福。

🍴 沼津漢堡
沼津バーガー

交通⇒沼津駅轉搭巴士，在「沼津港」下徒步2分 **電話**⇒055-951-4335 **地址**⇒靜岡縣沼津市千本港町83-1(港八十三番地內) **時間**⇒09:00~19:00，週末假日至20:00 **價格**⇒深海魚バーガー(深海魚漢堡)¥770

把沼津海之味放入漢堡中，會是怎樣的滋味呢。以沼津港食材為主題的沼津漢堡，把深海魚做成香酥魚排夾入漢堡，還有鮪魚、螃蟹奶油可樂餅等口味。店裡還販賣富士山麓朝霧高原牛乳聖代、靜岡抹茶拿鐵，就連飲料點心也是當地風味。

沼津港深海水族館&腔棘魚博物館
沼津港深海水族館シーラカンスミュージアム

交通◉沼津駅轉搭巴士，在「沼津港」下徒步5分
電話◉055-954-0606 地址◉靜岡縣沼津市千本港町83
時間◉10:00~18:00(最終入館為閉館前半小時)，依季節會
有所調整，詳洽官網 休日◉不定休 價格◉高中以上¥1800，
國中小¥900，4歲以上幼兒¥400 網址◉www.numazu-
deepsea.com/

不可思議的深海世界探祕日本首創以深海為主
題的水族館，展示從駿河灣捕撈、採集的珍貴海

洋生物約300種。館內比較相同物種在不同深度
的差異性，還可觀賞鮟鱇魚、肢體細如絲線的強
壯蛛形蟹、圓滾滾像是電玩「小精靈」的加州章
魚等。二樓為腔棘魚博物館，展示兩隻冷凍處理
的腔棘魚，詳細介紹這個從3億5千萬年前就存
在的物種，全世界可是只有這裡才看得到！

深海魚

駿河灣海底最深達2千5
百公尺，是日本最深的海
灣。各種奇形怪狀的深
海魚撈上岸後做成創
意料理，挑戰遊客的好
奇心。

深海中的鸚鵡也是活化石。

回轉壽司沼津壽司之助
回転寿司沼津すし之助

交通◉沼津駅轉搭巴士，在「二瀨川」下徒步5分 電話◉
055-933-3332 地址◉靜岡縣沼津市下香貫下障子3140-
1 時間◉11:30~21:30 價格◉滿溢四天王¥2650，地魚
三點盛¥480 網址◉www.sushi-no-suke.com

以沼津港直送的新鮮地魚為主，壽司之助提供
美味壽司和單品料理，價格親民。店家的招牌菜
「滿溢四天王」包括了通常三倍以上的鮭魚卵、
生白蝦、海膽，以及堆疊八層的雪蟹，視覺效果
驚人。首先品嚐食材本身的鮮美，再搭配精心挑
選的醋飯，能體驗到截然不同的美味。店內每日
更新的當季魚類資訊可在白板上查看，平日限
定的午餐套餐也相當超值，非常值得推薦。

雖然名為回轉壽司，但店內都用口頭
點餐，推薦懂日文的人再來體驗。

🍴 魚河岸丸天

交通▷沼津駅轉搭巴士，在「沼津港」下徒步5分
電話▷055-954-1028 地址▷靜岡縣沼津市千本港町
100-1 時間▷10:00~21:45(L.O 21:00) 休日▷週四(若遇
假日則提前一日休) 價格▷海鮮かき揚げ丼(海鮮炸丼丼)
￥1100、まぐろのテールシチュー(紅酒燉鮪魚尾)￥1200
網址▷www.uogashi-maruten.co.jp

在魚市場有兩家店面的魚河岸丸天，是超人
氣的老牌海鮮料理店。在座無虛席的店內點
一份鮪魚中腹壽司，或是鋪滿季節海鮮的

海鮮飯，老闆打包票
保證大碗滿意。特色
菜單海鮮炸餅內有小
干貝、蝦仁等，高度
將近30公分！還有膠
質豐富的紅酒燉鮪魚
尾，飽嚐駿河灣的新
鮮滋味。

🍴 螃蟹屋
かにや沼津港店

交通▷沼津駅轉搭巴士，在「沼津港」下徒步5分
電話▷055-941-6682 地址▷靜岡縣沼津市千本港町124
時間▷10:00~16:00、17:00~19:00，週末10:00~16:00、
17:00~20:00 休日▷週三 價格▷天丼￥1600、長腳蟹套餐
(高足ガニコース)￥5500、整隻水煮長腳蟹￥15000~25000
網址▷www.koutokumaru.com/wp/kaniya/

棲息於駿河灣深海的長腳蟹，尺寸等同於鱈
場蟹，但肉質卻比松葉蟹更細嫩、比紅蟳更甘
甜！螃蟹屋是漁船光德丸直營的餐廳，在戶田
港與沼津共有兩家店面。兄弟倆一個補魚一
個專攻餐廳，把拖曳網中「順道」捕捉上岸的
深海長腳蟹做成天婦羅、定食，讓民眾有機
會品嘗到夢幻級的螃蟹美味。

静岡縣

清水

しみず
Shimizu

清水市是小丸子的故鄉，所有觀光的焦點都放在以小丸子為主的話題上。

除了清水夢幻廣場裡有
「小丸子園地」與京都天橋立、
福岡箱崎並列為
日本三大松原的三保松原
更是不可錯過。

生長於清水灣半島海岸線約長七公里的三萬顆松樹與富士山正好隔海相對，茂密黑松襯托高聳富士山充滿能量與層次的構圖絕對要親自到才能感受

Transport Tips

◎抵達清水，可以從JR清水駅、靜岡鐵道新清水駅下車，即能轉乘運行在JR新清水駅與靜岡鐵道清水駅之間的免費接駁車DREAM PLAZA至各大景點。

◎**清水港水上巴士**：串連清水魚市場、夢幻廣場、三保松原三大景點，比起乘坐巴士更能體會海港風情，巡迴一周約40分鐘。

發船地點◇江尻(清水河岸の市)　**班次**◇9:55~15:55約每小時1班　**船資**◇至日の出(夢幻廣場)或三保(三保松原)成人￥500、兒童￥250　**網址**◇www.shimizu-cruise.co.jp/

摩天輪是夢幻廣場的明顯地標。

清水夢幻廣場
S-PULSE DREAM PLAZA

交通➡JR清水駅、靜鐵新清水駅可搭乘免費接駁巴士至夢幻廣場，車程5分鐘。每日9:40~22:00，一小時約2~4班 **電話**➡054-354-3360 **地址**➡靜岡縣靜岡市清水區入船町13-15 **時間**➡各店鋪營業時間不同，約10:00~20:00 **網址**➡www.dream-plaza.co.jp

面臨海港的清水夢幻廣場，輪轉的摩天輪十分引人注目。商場結合電影院、主題樂園、購物、餐廳等複合功能，包括小丸子樂園以及壽司博物館。清水壽司橫丁集合全國的壽司名店，而駿河土產橫丁則有從茶類到櫻花蝦等靜岡特產，有著琳瑯滿目的小丸子商品，更是別地方找不到的。

静岡縣
清水

小丸子樂園

地址➡清水夢幻廣場3F **時間**➡10:00~20:00(最終入館19:30) **價格**➡國中以上￥1000，國小以下3歲以上￥700 **網址**➡www.chibimarukochan-land.com

來到清水怎能忘記這位胡塗又可愛的角色－櫻桃小丸子呢！位在清水夢幻廣場3F的小丸子樂園重現動畫中常見的教室、公園、客廳、房間場景，偶爾還會有爺爺、小玉客串，是櫻桃小丸子迷絕對不能錯過的景點！

清水壽司博物館

地址➡清水夢幻廣場2F **時間**➡11:00~18:00 **價格**➡大人￥500、4歲~小學生￥200(清水壽司橫町用餐收據可半價入場) **注意**➡租用和服須另外付費

由「鄉土料理研究家」日比野光敏先生所監修的這處壽司博物館，可說是日本首處的壽司主題博物館，不僅兼具知識性與分門別類的壽司細節雜學，特別的是，宛如穿街弄巷般的江戶、明治時代的清水橫丁再現，也讓博物館變得更加有趣又好拍。館方也設有和服賃處，想拍出濃厚江戶風，可穿租和服再進來博物館，邊逛、邊拍、邊長知識。

清水港內遊覽船
清水港ベイクルーズ

交通⊙JR清水駅、靜鐵新清水駅搭乘免費接駁巴士至夢幻廣場，步行3分鐘至日の出棧橋　電話⊙054-353-2221　地址⊙靜岡縣靜岡市清水區日の出　時間⊙每日11:30、13:00、14:10、15:00從日の出碼頭出發　價格⊙大人￥1500，國小生￥750　網址⊙www.shimizu-cruise.co.jp/

名列日本三大美港的清水港，被雄偉的富士山與三保松原包圍港灣，只要搭乘遊覽船繞行一周，即可同時欣賞兩種風情美景。行程約40分鐘，坐在甲板吹著海風，名山、松原，以及遠方的伊豆半島猶如名信片般的畫面讓人醉心。

清水魚市場河岸の市

交通⊙清水駅徒步5分　電話⊙054-355-3575　地址⊙清水區島崎町149　時間⊙市場館9:30~17:30，鮪魚館營業時間依各店鋪而異　休日⊙週三　網址⊙www.kashinoichi.com

清水港現撈的海產和美食，集中在面對港灣的河岸市中。河岸市分為鮪魚館與市場館，市場館主要為物美價廉的鮮魚、魚乾、土產點心等，螃蟹一箱大約才2千日幣，至少是東京一半價格。逛得飢腸轆轆，いちば館(市場館)與まぐろ館(鮪魚館)兩館共有10來家餐廳，海鮮丼飯料多又大碗，是漁港直送才有的特權。

小包裝又很好攜帶的鰹節粉，烹製高湯很便利，買回家也不佔行李空間。

不敢吃海鮮、生魚片的人，店內有供應近15公分長的炸蝦料理。

ととすけ

地址清水魚市場河岸の市 鮪魚館 2F **電話**054-368-7364 **時間**平日11:00~15:00、17:00~20:00(週三僅到15:00)，周末10:30開始營業 **休日**1/1 **費用**鮪魚三味定食￥2200、Totosuke定食￥3520 **網址**www.kashinoichi.com/maguro/totosuke.html

很想大口吃鮪魚，想要一次嘗遍鮪魚大腹、中腹、赤身，在蓋飯專門店Totosuke一次滿足。最受歡迎的料理包括用木桶盛裝的「鮪魚三昧」，一網打進五種口味的鮪魚。此外將所有駿河灣特產集合於一碗的「Totosuke丼飯」，內容有新鮮鯣仔魚、櫻花蝦、甜蝦、鮪魚等，滿滿好料傳遞大海的鮮美滋味。

鰹工房

地址清水魚市場河岸の市 いちば館 1F **電話**054-351-3355 **時間**9:30~17:30 **休日**週三、1/1 **價格**鰹魚昆布高湯粉(50g)￥520 **網址**katsuokoubou.com

靜岡的清水港是日本鮪魚撈捕量第一外，鄰近的燒津港也是鰹魚量名列第一，鰹魚除了生鮮享用，做成柴魚用的鰹節也是滋味豐厚。位在いちば館內就有一家鰹節工廠直營的「鰹工房」直販店，販售料理調味用食材為主，除各式柴魚、刨柴魚的器具外，還有魚鮮甘味調味料、醬料、昆布、醬油等也一應俱全。

小川

地址清水魚市場河岸の市 いちば館 **電話**054-352-0202 **時間**9:30~14:30，周末~15:00 **休日**週三 **價格**次郎長丼￥2100、鐵火丼￥950

小川的店主是鮪魚批發商，因此能夠以成本價提供給顧客新鮮的鮪魚。推薦可以品嚐青蔥鮪魚丼、醃漬赤身等做成鮪

魚丼，從彈牙口感即可證明鮮度一流。而豪華的海鮮次郎長丼，一端上桌首先看到嫣紅的鮭魚卵、新鮮甜蝦、玉子燒，接下來才發現下還藏著層層好料，滿滿的烏賊、鮪魚、大腹肉，海鮮比飯還要多，難怪能博得大人氣。

魚市場食堂

地址清水魚市場河岸の市 鮪魚館 2F **電話**054-351-7113 **時間**平日10:30~15:00，周末10:00~16:00(最後點餐為閉店前半小時) **休日**週三 **價格**鮪魚多多丼(まぐろいっぱい丼)￥1500、海鮮丼￥1300 **網址**kashinoichi.com/maguro02_content/page05/

魚市場食堂是清水河岸市直營的餐廳，價格公道不用說，份量更是大方得不像話。點份招牌的鮪魚多多丼，服務人員先拿半碗白飯，接著取來一個裝滿醃漬鮪魚的大臉盆，將鮪魚一匙接著一匙在白飯上堆成小山丘，直到顧客說夠了才會罷手，驚人份量，重度鮪魚愛好者一定不能錯過。

能吃到滿滿好料的次郎長丼，是店內人氣招牌。

靜岡縣 清水

東海大學海洋科學博物館

交通◈清水駅搭乘往東海大學三保水族館方向的巴士，於終點站下，徒步1分 **電話**◈054-334-2385 **地址**◈靜岡縣靜岡市清水區三保2389 **時間**◈10:00~13:00(最後入館12:30) **休日**◈週二(7、8月無休) **價格**◈免費，預約制，需事先線上預約 **網址**◈www.umi.muse-tokai.jp

東海大學是日本海洋研究的權威，位於三保松原的海洋科學博物館有別於一般的水族館，不但可以貼近觀察魚類，詳細說明與互動式的展示，可以知道魚在波浪中的行動方式，如何挖洞築巢，與其他生物共生等知識，達到寓教於樂的效果。另還展示研究用途的人工海嘯，以機械模擬魚類動作的機械生物博物館，讓遊客從不同角度認識海洋。

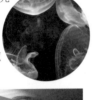

 ## 御穗神社

交通◈清水駅搭往三保車庫前方向的巴士，「羽衣の松入口」下，徒步10分 **地址**◈靜岡縣靜岡市清水區三保1073 **電話**◈054-334-0828 **時間**◈自由參觀

從平安時代就有記錄的御穗神社，距今已有超過千年歷史。神社被黑松林圍繞，不少松樹歷史久遠，有的粗壯樹幹甚大到二人合抱的程度，姿態蒼勁多姿，松林延伸至海岸，天晴時富士山聳立海面，與黑松相互借景，景色美不勝收。

Massimo

交通◆清水駅搭往三保車庫前方向的巴士,「白浜町」下,徒步2分 電話◆054-335-0030 地址◆靜岡縣靜岡市清水區三保89-1 時間◆11:30~13:30、18:00~20:00 休日◆週一(遇假日則順延一天) 價格◆午間套餐￥2200起、晚間套餐￥3300 網址◆www.instagram.com/massimo_miho/

三保當地人愛顧的義式餐廳Massimo,主廚原為法國料理廚師,改做義式料理後,結合清水在地食材,以及法式料理的細膩手法,做成簡單卻風味十足的義式美食。菜單內容隨當旬食材做調整,櫻花蝦義大利麵以奶油風味為底,突出櫻花般獨特的甘甜,就連單純的蔬菜義大利麵也是融合蔬菜本身風味,美味無庸置疑。

限式招牌,交錯優雅的木架建築空間,讓觀景台與周遭地景融成一體。

日本平夢テラス

交通◆靜岡駅北口11號巴士站,搭乘前往日本平纜車的靜鐵巴士,單程約40分 地址◆靜岡縣靜岡市清水區草薙600-1 電話◆054-340-1172 時間◆9:00~17:00、週六9:00~21:00 休日◆每月第2個週二、12/26~12/31 價格◆免費 網址◆nihondaira-yume-terrace.jp

2018年底完工的「日本平夢テラス」,包含1樓資料展示室、2F咖啡廳與3F的展望台,讓海拔300公尺、原本就是賞富士山美景的日本平更具話題性。由建築大師隈研吾所設計,包含展望台及一個圍繞電波發射塔的環狀木棧道迴廊,富士山、駿河灣、清水、富士市、三保松原,甚至遠及伊豆半島盡在眼前,360度奢侈景致、美的讓人不想離開。

眼前富士山全景與周邊平原、駿河灣一起入鏡,層次美景令人屏息。

西伊豆
にしいず Nishiizu
靜岡縣

湛藍的駿河灣一路相隨，
在濱海大道上飽覽西伊豆的海天風光，
沿海岸線遊逛漁港，
更能夠感受原始純樸的伊豆風情。

大海上島嶼星羅棋佈，遠方還有巍峨的富士山聳立，
交織成有如明信片一般的動人美景。

有的漁港盛產高腳蟹，有的流傳淘金傳說，
有的則以日本最美的落日馳名，
一樣的大海，不同的港都情緒。

Transport Tips

◎西伊豆沒有鐵路交通，各景點大多靠巴士、自駕串聯。

◎可至修善寺駅轉乘東海巴士至戀人岬、黃金崎等景點；轉搭西伊豆特急巴士可前往土肥溫泉、
堂之島、松崎等景點。

松崎海鼠壁通
松崎なまこ壁通り

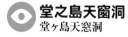

交通◈國道136號線至松崎方面，下田駅轉搭往堂ヶ島方面東海巴士，至「松崎」下車，徒步15分 電話◈0558-42-0745 地址◈靜岡縣賀茂郡松崎町松崎 時間◈自由參觀

來到西伊豆南部的小海港松崎，遠離遊客人潮，寧靜的街巷散發詳和氣氛。城鎮中保留明治到昭和時代修建的傳統家屋，外牆黑白對比的13幢海鼠壁(なまこ壁)建築，連成一條充滿古風的街道，揮之不去的濱海氣息，讓簡樸的街道顯得風情十足。

堂之島天窗洞
堂ヶ島天窓洞

靜岡縣 西伊豆

交通◈從土肥港搭乘巴士約20分即達，至堂之島碼頭洞くつめぐり遊覽船乘船處 電話◈洞くつめぐり遊覽船0558-52-0013 地址◈靜岡縣賀茂郡西伊豆町堂島ヶ島 時間◈洞くつめぐり遊覽船10:00~16:00間約20分一班船 價格◈洞くつめぐり遊覽船大人￥1500，小孩￥750 網址◈www.izudougasima-yuransen.com

被指定為天然紀念物的天窗洞，呈現低半島狀，地下蜂巢狀的海蝕洞窟，是由海浪經年累月沖蝕而成，共有東南西三個入口，位於南口的洞窟深達147公尺，在中央的天井處剛好有一個圓形的天窗，當光線照射進來的時候，水面閃爍著翡翠般的光輝，充滿神秘感。

堂之島

交通◈從土肥港搭乘巴士約20分即達 電話◈0558-52-1268 地址◈靜岡縣賀茂郡西伊豆町堂ヶ島 時間◈全日開放

位於西伊豆的堂之島其實是一連串島嶼的總稱，特別是夕陽西下時，在金黃色光芒輝映下，流瀉著一股夢幻氣息，無怪乎堂之島擁有「伊豆之松島」的別名。遊覽堂之島可以沿海岸線兜風，或搭乘堂之島遊覽船周遊列島，感受不同的風情。

到西伊豆絕不能錯過的漁夫料理。

🍴 魚季亭

交通▶伊豆急下田駅下車,轉縣道15號約50分可到達 **地址**▶靜岡縣賀茂郡西伊豆町仁科2052 **電話**▶0558-52-0059 **時間**▶11:00~16:00 **費用**▶定食¥1620起 **網址**▶www.tokitei.jp

鄰近堂之島港口,魚季亭提供漁港直送的海鮮料理,像是加了味噌的新鮮竹筴魚蓋飯,結合干貝魷魚等多種海鮮的漁師石燒釜飯,駿河灣特產紅燒金目鯛定食等。飯後可到海景平台散步,眺望堂之島的奇岩峻石。賣店也準備各式伴手禮,讓遊客買個過癮。

將金箔入菜的餐點,就算帶不
走金子也可以品嚐一下。

◎ 黃金崎

交通▶東海巴士至「黃金崎クリスタルパーク」下車徒步10分 **地址**▶靜岡縣賀茂郡西伊豆町宇久須 **時間**▶全日開放

黃金崎是西伊豆熱門的賞落日景點,伸出海平面的安山岩,呈現獨特的黃褐色澤,當夕陽西下時,十分耀眼奪目。海岸公園內有敷設完整的步道與展望台,漫步其中靜待落日,在海景風光與油菜花、海濱植物包圍中,讓人心曠神怡。

◎ 土肥金山

交通▶修善寺駅轉搭往土肥溫泉方向的巴士約50分,昼車經由伊豆中央／修善寺道路,轉接國道136號約60分可達 **地址**▶靜岡縣伊豆市土肥2726 **電話**▶0558-98-080 **時間**▶9:00~17:00 (最後入場16:30) **費用**▶礦坑與資料館入場券國中以上¥1000、國小¥500,砂金體驗國中以上¥750、國小以下¥650 **網址**▶www.toikinzan.com

土肥金山重建古老礦道,介紹過去礦工的艱辛生活,附設博物館內,世界第一重的大金塊讓遊客摸個過癮,也可到砂金體驗館一圓淘金夢,從細砂中篩出黃燦燦的砂金。附設餐廳提供各種餐點和點心,就算帶不走金子也可把金箔連同美食吃下肚。

趁著天氣晴朗，從戀人岬可以清楚看到富士山景色。

◉ 戀人岬

交通⇨修善寺駅搭乘東海巴士至「恋人岬」巴士亭下，開車經由伊豆中央／修善寺道路，轉接國道136號約70分可達　**電話**⇨558-99-0270　**地址**⇨靜岡縣伊豆市小下田3135-7　**時間**⇨全日開放　**網址**⇨www.toi-annai.com

突出於海面的戀人岬擁有180度視野，不但是戀人們海誓山盟的聖地，也是欣賞富士山的絕佳地點。在綠蔭圍繞的步道徒步約20分鐘，便會看

到架設「愛之鐘」的戀人岬，晴天時欣賞海平面上的富士山，心情無比開闊，如果與戀人同行，也別忘了合敲三下愛之鐘並默唸對方名字，彼此許下愛的誓言。

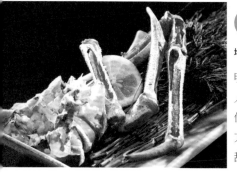

◉ 戶田港

地址⇨靜岡縣沼津市戶田

明媚的海灣面臨巍峨富士山，讓喜歡攝影的旅人快門按不停。海港周遭有許多溫泉旅館，適合作為西伊豆旅程的起點，另外戶田港還有別的地方吃不到的特色美食─長腳蟹，Q彈蟹肉汁多肉甜、鮮美絕倫，只要嘗過就忘不了。

元箱根
もとはこね
Motohakone
神奈川縣

元箱根一帶位於蘆之湖東南一側，是江戶時代的交通樞紐「東海道」的要衝，有著濃厚歷史氣息。

配合旅館的純泡湯行程，從泉湯中欣賞紅葉，浪漫指數更是百分百。

沿著湖畔名勝古蹟很多，不只有神社、美術館，也有許多溫泉旅館。

Transport Tips

◎**箱根登山巴士**：主要各大區域都有班次可達：箱根湯本、元箱根港、箱根町、強羅駅、仙石原、桃源台、御殿場プレミアムアウトレット等。

◎**箱根町巴士**：箱根町一帶至箱根神社等地也有巴士運行，若不搭船來到元箱根的話，也可以選擇搭乘開往箱根湯本的箱根登山巴士，約一小時3~4班車。共4站，3分鐘即達元箱根站。

蘆之湖

交通▶搭乘箱根登山巴士、伊豆箱根巴士至「元箱根」站下車徒步約5分　**電話**▶0460-85-5700箱根町觀光協會　**地址**▶神奈川縣足柄下郡箱根町

蘆之湖為一細長形的火口湖，它形成於40萬年前的一場火山爆發，面積約為7平方公里。湖畔終年波平如鏡，搭配兩旁的山色湖光山色美不勝收，為箱根的代表景色之一。天氣晴朗時，可以遠眺富士山景，倒映在湖裡的富士影像，堪稱為箱根第一美景。不只美景迷人，在蘆之湖上有兩種遊覽船，一種是雙層白色遊艇，另一種就是最有人氣的海賊船，吸引許多觀光客前來。

箱根海賊船

冬天船內還有暖氣，讓旅客可以舒適地欣賞湖光景色。

交通▶搭乘箱根空中纜車至「桃源台」站；或搭乘箱根登山巴士至「桃源台」站徒步即達　**地址**▶神奈川縣足柄下郡箱根町　**電話**▶0460-84-8618(桃源台)、0460-83-7550(箱根町)、0460-83-6022(元箱根)　**時間**▶箱根町發船時間9:30~16:20(7月26日~8月25日加開17:00班次)，箱根町~元箱根10分，元箱根~桃源台約30分　**價格**▶箱根町~桃源台一等艙成人￥2000、小學生￥1000，二等艙大人￥1200、小學生￥600，持箱根周遊券可自由搭乘　**網址**▶www.hakone-kankosen.co.jp (可從網站列印折價券)　**注意**▶搭乘地分別位於箱根町港、元箱根港、桃源台港

箱根海賊船仿造17世紀歐洲戰艦造型，色彩鮮豔明亮，還有許多華麗的立體裝飾，目前共有仿法國的Royal II南歐皇家太陽號、仿英國的勝利號，以及仿瑞典的Vasa北歐獅瓦薩王號。內部座椅寬敞舒適，冬天待在充滿熱呼呼的暖氣中，仍可以欣賞湖面風光，天氣晴朗更可遠眺壯麗的富士山。

箱根神社

交通➡搭乘箱根登山巴士至元箱根港站下車徒步10分；或搭乘伊豆箱根巴士至「元箱根」站下車徒步10分 **地址**➡神奈川縣足柄下郡箱根町元箱根80-1 **電話**➡0460-83-7123 **時間**➡自由參拜，寶物殿9:00~16:00 **價格**➡境內免費，寶物殿大人￥500、小學生￥300 **網址**➡hakonejinja.or.jp

箱根神社自古以來就是箱根地區山岳信仰的中心，主要供奉瓊瓊杵尊、木花咲耶姬命與彥火火出見尊，據說是在天平寶字元年(757年)，由萬卷上人所創設。千餘年來神社得到當地民眾以及源賴朝、德川家康等武士的信奉。矗立蘆之湖上的朱紅色鳥居，彷彿訴說其千百年不變的崇高地位。

館內展出許多古物，讓今人一探歷史記憶。

箱根關所

交通➡搭乘箱根登山巴士至「箱根関所跡」站下車徒步2分 **地址**➡神奈川縣足柄下郡箱根町箱根1 **電話**➡0460-83-6635 **時間**➡9:00~17:00(12~2月至16:30)，入館至閉館前30分 **價格**➡大人￥500、小學生￥250，與箱根關所資料館共通使用 **網址**➡www.hakonesekisyo.jp

江戶幕府當初為了固守如今的東京地區之勢力範圍，而在全國各個重要據點設置關所，表面上作為監督出入旅人身份的關卡，然而其實際目的是為了防止全國武士的謀反叛變，箱根關所於元和5年(1619年)設置，明治2年(1869年)廢止，曾經坐鎮了250年之久，並且於2007年復原重現世人眼前。

蘆之湖畔紅色鳥居，充滿神秘色彩讓人一心嚮往。

權現麻糬
権現からめもち

交通➔搭乘箱根登山巴士、伊豆箱根巴士至「元箱根」站下車徒步5分 **地址**➔神奈川縣足柄下郡箱根町元箱根80-1 **電話**➔0460-83-5122 **時間**➔10:00~16:00 **休日**➔不定休 **價格**➔5色もち(5色麻糬)¥800、俺のうどん(我的烏龍麵)¥990

權現麻糬位在箱根神社的境內,在綠意環繞中提供參拜者一個休憩用餐的空間,菜單上可見據傳可結緣的九頭龍紅豆湯圓、霜淇淋,而店名上的「からめもち」(麻糬)即為其招牌,店家從早新鮮製作的麻糬有紅豆、黃豆粉、海苔等5種口味,口感香Q,另外每日數量限定的「我的烏龍麵」也是人氣首選。

箱根園水族館

交通➔搭伊豆箱根巴士至「箱根園」站即達 **地址**➔神奈川縣足柄下郡箱根町元箱根139 **電話**➔0460-83-1151 **時間**➔9:00~16:30(最終入館為閉館前半小時),時間依季節有變更,詳洽官網 **休日**➔不定休 **價格**➔大人¥1600、小學生以下¥800,3歲以下免費 **網址**➔www.princehotels.co.jp/amuse/hakone-en/suizokukan

位在蘆之湖畔的箱根園水族館,竟是貨真價實的海水水族館!從駿河灣運來大量海水供應園內水槽用水,讓人在高山淡水區也能一賞海底生物的奧妙。館內另有淡水館,介紹蘆之湖的生態與魚種,而在貝加爾海豹廣場,也可以看到可愛的海豹表演泡溫泉(其實是當地湧水)的戲碼。

神奈川縣 元箱根

成川美術館

交通➔搭乘箱根登山巴士至「元箱根港」站下車徒步2分 **地址**➔神奈川縣箱根町元箱根570 **電話**➔0460-83-6828 **時間**➔9:00~17:00 **價格**➔成人¥1500、高中大學生¥1000、中小學生¥500 **網址**➔www.narukawamuseum.co.jp

座落於蘆之湖畔的成川美術館,主要展示現代日本畫作,展出平均每年更換4次。四千件收藏中包含仕女、風景、靜物等主題,筆觸精緻細膩、用色淡雅柔和,每一幅皆具有高度藝術價

值。遊客需搭乘三段細長的手扶梯,才能夠到達美術館正門,

在手扶梯緩緩上升中,蘆之湖的綺麗風光一覽無疑。

箱根旧街道 石畳／杉並木

交通⊃舊街道石畳：箱根湯本搭乘「經畑宿往元箱根」方向的箱根登山巴士，在「畑宿」下車即達。舊街道杉並木：箱根登山巴士，在終點「元箱根」下車即達　電話⊃0460-85-5700(箱根町総合観光案内所)　地址⊃神奈川縣足柄下郡箱根町畑宿／元箱根　時間⊃自由參觀

箱根舊街道是舊東海道遺留至今尚存的古蹟之一，難得的是，從蘆之湖畔到畑宿之間還存留著當時的石坂路，吸引眾多喜愛歷史散步的人到此一遊。杉並木位於蘆之湖畔，路程極短，不到10分鐘即可走完，但這短短路程中所看到的420棵大杉木，相傳是在日本江戶時代的初期就已種植，杉並木至今已有將近400年的歷史，因此已成為日本國家指定的史蹟。

甘酒茶屋

交通⊃箱根登山巴士「甘酒茶屋」站下車徒步約1分　電話⊃0460-83-6418　地址⊃神奈川縣足柄下郡箱根町畑宿二子山395-28　時間⊃7:00~17:30　價格⊃甘酒(甜酒釀)￥500，力餅(麻糬)￥600　網址⊃www.amasake-chaya.jp

這是一家位在箱根旧街道石畳入口處的老舖茶屋，從江戶時代經營至今已是第12代，店面依然維持著昔時茅草建築，再加上一幅展揚於路旁的紅旗，而成了箱根懷舊風景。一如店名，來到這兒的客人，一定會點杯甘酒，這是一種日本式甜酒釀，熱熱喝，讓人全身暖和和，再配上力餅(麻糬)一同入口，茶屋中的小憩時刻讓人彷彿回到過往，感受歲月的靜美。

畑宿寄木会館

交通⊃搭乘箱根登山巴士「畑宿」站下車，徒步2分　電話⊃0460-85-8170　地址⊃神奈川縣足柄下郡箱根町畑宿103　時間⊃9:30~16:30(最終入館16:00)　休日⊃周一、年末年始　價格⊃免費

畑宿寄木會館專門展示並且販售畑宿的代表性傳統手工藝品——寄木細工。外貌呈現稿、市松、矢羽根等日本傳統文樣圖案的寄木細工，被製作成各種箱子、盒子、杯墊及盤子等日常生活用具，從價格低廉的土產到高價位的藝術品都有。在會館內有師傅現場製作寄木細工的表演，遊客們可以旁觀欣賞他們高超的手工技藝，也能試著DIY動手體驗。

強羅
ごうら Goura
神奈川縣

箱根登山鐵道可分為鐵道線與鋼索線，以強羅為轉車中繼站，附近店家不少。

仙石原
せんごくはら Sengokuhara
神奈川縣

充滿知性與感性的美術館、華美的人文風景，品味四季皆美的自然景觀與豐富的藝術養分。

大涌谷
おおわくだに Ouwakudani
神奈川縣

搭乘空中纜車越過以火山地形著稱的大涌谷，噴煙的火口地型，雲霧隨風飄散，美景直如仙境。

Transport Tips

箱根登山巴士：主要各大區域都有班次可達：箱根湯本、元箱根港、箱根町、強羅駅、仙石原、桃源台、御殿場プレミアムアウトレット(御殿場PREMIUM OUTLETS)等。

箱根美術館

交通 從箱根登山鐵道強羅駅轉搭箱根登山纜車,至「公園上」站下車徒步3分;或轉乘箱根登山巴士、設施巡迴巴士至「箱根美術館前」站下車徒步1分 **地址** 神奈川縣足柄下郡箱根町強羅1300 **電話** 0460-82-2623 **時間** 4~11月9:30~16:30、12~3月9:30~16:00,入館至閉館前30分 **休日** 週四(遇假日開館)、年末年始 **價格** 大人￥1430、高中大學生￥660、國中生以下免費 **網址** www.moaart.or.jp/hakone/

1952年由岡田茂吉成立的箱根美術館,是箱根地區歷史最悠久的美術館,館內展出約150件江戶時代與中世時期的陶器。其中還包括了1萬年前日本新石器時代「繩文時代」的陶器。美術館的庭園以紅葉、新綠聞名,青綠色的青苔襯托紅楓綠葉更加鮮明,參觀遊客彷彿身處畫境。

強羅公園

交通 箱根登山鐵道強羅駅徒步5分 **地址** 神奈川縣足柄下郡箱根町強羅1300 **電話** 0460-82-2825 **時間** 9:00~17:00(入園至16:30) **價格** 大人￥650、小學生以下免費,持箱根周遊券免費。白雲洞茶苑:抹茶附和菓子￥750 **網址** www.hakone-tozan.co.jp/gorapark

超過百年歷史的強羅公園,於2013年列入國家的登錄記念物,並擁有整齊美觀的法式庭院,園內櫻花、杜鵑、繡球花等花卉依時開放,其中玫瑰花園有140種類,共千株以上的玫瑰,與初夏的新綠、秋季的紅葉相襯,格外優美。境內還有一間典雅的茶室「白雲洞茶苑」,可以來這邊喝杯抹茶,體驗純正的日式風情。

Craft House

地址 強羅公園內 **時間** 10:00~17:00 **價格** 吹玻璃￥3800起,玻璃珠￥2500起 **網址** www.crafthouse.org

Craft House是位在強羅公園境內的體驗工房,提供遊客吹玻璃、捏陶、玻璃珠、玻璃雕刻、乾燥花等多種體驗活動,時間從15分到1小時不等,在藝術家親切的指導之下,初學者也能夠輕易上手,推薦可挑選當場可取成品的體驗來參加。工房內也有附設商店和藝廊,就算不動手DIY也可以買個過癮。

箱根雕刻之森美術館

交通➔箱根登山鐵道彫刻の森駅下車徒步2分　地址➔神奈川縣足柄下郡箱根町二ノ平1121　電話➔0460-82-1161　時間➔9:00～17:00(入館至16:30)　價格➔大箱根雕刻之森美術館人￥2000、高中大學生￥1600、中小學生￥800　網址➔www.hakone-oam.or.jp

來到箱根最出名的觀光地，就是戶外裝置了各式大型雕塑的雕刻之森美術館。其開館於1969年，是日本第一個室外美術館，遊客可以徜徉在廣達7萬平方公尺的大片綠地，親手撫獨享利摩爾、羅丹、畢卡索等眾多大師的雕塑作品，數量多達300項，可充分體會大自然與藝術的和諧之美。

館內許多裝置藝術都是絕佳的拍照地點！

田村銀勝亭
田むら 銀かつ亭

交通➔箱根登山鐵道強羅駅徒步2分　地址➔神奈川縣足柄下郡箱根町強羅1300-739　電話➔0460-82-1440、0460-83-3501(銀かつ工房)　時間➔11:00～14:30、17:00～19:00、週二～16:00；銀かつ工房11:00～14:30、17:00～21:00、週二～16:00 (售完為止)　休日➔週二、三的晚餐時段　價格➔豆腐かつ煮御膳(煮豆腐炸豬排套餐)￥2750　網址➔ginkatsutei.jp

傳統和風外觀流露出沉穩寧靜的氣息，這間超高人氣的「田村銀勝亭」餐廳，招牌菜色為煮豆腐炸豬排，豆腐夾入國產豬絞肉後下鍋油炸再放入土鍋燉煮，美味多汁又超級下飯。想再續攤的話，也可以到一旁的系列餐廳「かつ工房」，品嘗炸豬排三明治、可樂餅、豆乳甜甜圈、豆乳聖代等輕食。

神奈川縣 強羅・仙石原・大涌谷

POLA美術館
ポーラ美術館

交通➩搭箱根登山巴士至「仙鄉樓前」站，轉搭開往ユネッサン(Yunessun)的設施巡迴巴士，約2分至「ポーラ美術館」站下車。也可從箱根登山鐵道強羅駅前搭乘開往濕生花園的設施巡迴巴士，約13分抵達 **地址**➩神奈川縣足柄下郡箱根町仙石原小塚山1285 **電話**➩0460-84-2111 **時間**➩9:00~17:00(入館至16:30) **休日**➩換展期間 **價格**➩大人￥2200、高中大學生￥1700、國中以下免費 **網址**➩www.polamuseum.or.jp

彷彿湮沒在青翠綠意中的POLA美術館，館內採用大片玻璃帷幕，引進自然天光，讓藝術作品以最自然美好的狀態呈現，館藏以雷諾瓦、夏卡爾、梵谷、莫內等畫家為首，西洋印象派畫作加上日本現代作品共九千五百件。美術館也有附設餐廳、咖啡廳與商店，不定時會搭配企畫展推出期間限定菜單。

箱根萊儷水晶美術館
箱根ラリック美術館

交通➩搭乘箱根登山巴士至「仙石案內所前」站下車徒步2分 **地址**➩神奈川縣足柄下郡箱根町仙石原186-1 **電話**➩0460-84-2255 **時間**➩美術館9:00~16:00(最終入館15:30)、餐廳9:00~17:00 **休日**➩每月第三個週四(8月無休)、換展期間 **價格**➩大人￥1500、高中大學生￥1300、中小學生￥800 **網址**➩www.lalique-museum.com

萊儷為法國知名的水晶玻璃品牌，創始人Rene Lalique創作出許多讓歐洲貴婦讚嘆不已的玻璃藝品。美術館收藏了Lalique從香水瓶、花瓶到室內設計等逾千件作品，被大片綠意圍繞，並附設優雅的咖啡座、餐廳，除了展館外包含庭園、商店等設施都免費開放，欣賞藝術品之餘也可以在園內悠閒片刻。

👁 箱根湿生花園

交通▶箱根登山鐵道箱根湯本駅搭乘往湖尻·桃源台方向的箱根登山巴士「仙石案內所前」下，徒步8分；或從強羅駅、小涌谷駅可搭乘往濕生花園方向的箱根登山巴士，終點站「箱根濕生花園」下　電話▶0460-84-7293　地址▶神奈川縣足柄下郡箱根町仙石原817　時間▶9:00～17:00　休日▶無休；12月至3月初冬季休園　價格▶大人(中學生以上)￥700，小學生￥400　網址▶hakone-shisseikaen.com/

濕生花園位在仙石原的濕原內，占地3萬平方公

尺的園中，培育了生長在河川、湖泊、溼地的植物200餘種，以及其他森林、高山植物等共1500餘種，其中包含珍奇罕見的西洋花草，在箱根濕生花園可觀賞總共約1700種植物的自然生態。春天在濕生花園可以欣賞到水芭蕉、夏天有野生花菖蒲，秋天則為滿開的女郎花（中文稱敗醬花）。要特別提醒的是冬季有三個半月休園時間。

🍴 Albergo Bamboo

交通▶從箱根湯本搭乘往湖尻·桃源台方向的箱根登山巴士「仙石原小學校前」下車徒步5分　電話▶0460-84-3311(需要先預約)　地址▶神奈川縣足柄下郡箱根町仙石原984-4　時間▶11:30~14:30、17:30~20:30　休日▶週二　價格▶午間套餐￥3850起、晚間套餐￥7700起(不含10% 服務費)　網址▶www.bamboo.co.jp/albergo

在綠樹婆娑的仙石原森林中，有一間彷若義大利別墅的優美餐廳。Albergo Bamboo光是建築就可以寫成一本書，主人花了8年光陰，延請日、義頂級設計師，打造出從家具、壁畫、餐具，甚至鐵柵門無不講究的精緻用餐空間；自製麵包放入石窯烤得香脆，門口現場燒烤肉類，用濃郁香氣傳遞幸福。

 ## 強羅 花詩

交通▶箱根登山鐵道強羅駅下車徒步約1分　**電話**▶0460-2-9011　**地址**▶神奈川縣足柄下郡箱根町強羅1300　**時間**▶9:00~17:00　**休日**▶週三　**價格**▶命水大福￥157、季節和菓子￥210

強羅花詩是除了販賣和菓子，也有附設點心坐席，讓人可以坐下來好好品嚐日式風情的甘味菓子。溫泉餅為其招牌商品，軟綿綿的麻糬加入了清新柚子，口味相當清爽。而女性來到這裡最愛點一份依季節更換的季節和菓子，小巧的和菓子做成了各種花卉的模樣，細膩造型看得出師傅的功力與傳統的日式和風季節感。

 ## 箱根 銀豆腐

交通▶箱根登山鐵道強羅駅徒步2分　**地址**▶神奈川縣足柄下郡箱根町強羅1300-261　**電話**▶0460-82-2652　**時間**▶7:00~16:00(售完為止)　**休日**▶週四　**價格**▶しやくり豆腐￥210

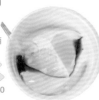

這間位在強羅駅附近的豆腐專賣店，裡外沒有厲害的裝潢或擺設，就是一處豆腐製造廠，但可別小覷這深獲當地居民喜愛的滋味，招牌豆腐的盛裝方式就像是台灣的豆花，口感嘗來滑順細緻，並帶著現做出爐的餘溫，口中滿是溫潤的豆香與黃豆的微甜，淋上醬油後更突顯其風味。

 ## 箱根空中纜車
箱根ロープウェイ

交通▶從箱根湯本駅搭乘箱根登山巴士（T路線）至桃源台站下車　**電話**▶0465-32-2205　**地址**▶神奈川縣足柄下郡箱根町桃源台／強羅　**時間**▶2~11月9:00~16:45、12~1月9:00~16:15　**價格**▶早雲山~桃源台單程大人￥1500、孩童￥500，來回大人￥2500、孩童￥800。海賊船+空中纜車一日券大人￥4000、孩童￥980，持箱根周遊券可自由搭乘　**網址**▶www.hakoneropeway.co.jp

箱根空中纜車路線正好位於蘆之湖畔的山坡地上，坐上它，你就可以將蘆之湖周邊的湖光山色盡收眼底，運氣好碰上了晴朗日子，在姥子到大涌谷一段甚至還可看見富士山呢。基本上，空中纜車以吊車型式運行，一台吊車能坐18人，並不會太大，也不用擔心選錯邊而漏失了某些好風景。

◎ 大涌谷自然研究路

交通▶搭箱根纜車至大涌谷駅徒步5分；或搭乘伊豆箱根巴士至「大涌谷」站下車徒步2分 **地址**▶神奈川縣足柄下郡箱根町大涌谷 **電話**▶0460-84-5201 **時間**▶一天4回，10:00～、11:30～、13:00～、14:30～，需先事先線上預約 **價格**▶￥800/人，僅接受刷卡、交通IC卡支付 **網址**▶www.owakudani.com

大涌谷為海拔1080公尺高的山谷，經距今約

3100年前蒸氣爆發、約2900年前火山碎屑岩流兩次的火山作用而形成，整個區域是一片赤茶色，草木不生相當荒蕪。谷地間有鋪設良好的步道，引導遊客繞場一圈，沿途到處都有噴煙口，濃煙夾帶陣陣硫磺味不斷飄向遊客。步道全長670公尺，走完全程約需40分鐘。

🍴 大涌谷駅食堂

交通▶箱根登山鐵道大涌谷駅下車徒步約1分 **電話**▶046-084-4650 **地址**▶神奈川縣足柄下郡箱根町仙石原1251大涌谷駅2F **時間**▶10:30~16:30(最終點餐16:00) **價格**▶「特製」大涌谷カレー(温玉付)(「特製」大涌谷附溫泉蛋咖哩)￥1350

位在大涌谷駅2樓的大涌谷駅食堂，主要菜單有洋食的咖哩、漢堡排等，如果想吃和食麵點也不缺；其中大涌谷的咖哩微辣辛香，口味極佳。大面玻璃窗戶面向大涌谷的噴煙口，天晴時極佳的眺望角度讓人能一邊欣賞美景一邊品嚐美食。

宮ノ下
みやのした Miyanoshita
神奈川縣

日本第一家度假型西式飯店──富士屋旅館，吸引眾多外國遊客。

既有IG上爆紅的咖啡店，也有百年老舖與建築，可享受懷舊又摩登的逛街體驗。

從明治時期就以異國風著稱。街上有不少日本情調的古董店、陶器店。時常看到外國背包客在其間留連。

Transport Tips

◎**箱根登山巴士**：主要各大區域都有班次可達：箱根湯本、元箱根港、箱根町、強羅駅、仙石原、桃源台、御殿場プレミアムアウトレット等。

◎**箱根登山鐵道**：至宮ノ下駅出站後，用步行即可達各處。

◎ 堂ヶ島溪谷遊步道

交通⇨在宮之下郵局左手邊的小路向下走即達　地址⇨神奈川縣足柄下郡箱根町宮ノ下　時間⇨自由見學

順著早川沿伸的堂島溪谷，早在鎌倉至室町時代夢窓疎石便在這裡開基，現在則是東京電力川久保發電所的所在地，途中經過的吊橋「桜橋」為東京電力之設施。步道連接宮之下至底倉一帶，全長約2公里，步行時間約40分，且沿路高高低低，穿雙好走的鞋是必備的。

可愛的葫蘆最中。

☕ NARAYA CAFE

交通⇨箱根登山鐵道宮ノ下駅，下車即達　電話⇨0460-82-259　地址⇨足柄下郡箱根町宮ノ下404-13　時間⇨10:30~18:00，冬季至17:00　休日⇨週三、第4個週四　網址⇨naraya-cafe.com/

近年來在 IG 上爆紅的 NARAYA CAFE，最受歡迎的便是以葫蘆為造形的最中，自己填餡子吃又好玩。NARAYA 改建自有三百年歷史的溫泉旅館「奈良屋」的員工宿舍，二層樓的木造空間有咖啡設施以及展覽空間。室外一處溫泉足湯，則是每個人心中的最佳貴賓席。

🎁 川辺光栄堂

交通⇨宮ノ下駅徒步約5分　電話⇨0460-82-2015　地址⇨神奈川縣足柄下郡箱根町宮ノ下184　時間⇨9:30~16:00　休日⇨週三四不定休　價格⇨鉱泉煎餅(小)¥1300

使用宮之下湧出富含礦物質的泉水，加上奶油、雞蛋與白玉粉調製成麵糊，堅持用手工一片一片烤製，每天的生產量十分少，是日本人口耳相傳的箱根伴手逸品。分為大、小兩種包裝，外觀十足復古風，薄脆的煎餅不甜不膩，一不小心就會吃太多呢！

🎁 渡邊烘焙坊
渡辺ベーカリー

交通⇨箱根登山鐵道宮ノ下駅徒步7分；公車站「ホテル前」徒步3分　電話⇨0460-82-2127　地址⇨神奈川縣足柄下郡箱根町宮ノ下343-3　時間⇨9:30~17:00(內用最後點餐16:00)　休日⇨週三、單數周的週二，其餘不定休，請參考官網　價格⇨梅干あんぱん(梅乾紅豆麵包)¥350起、溫泉シチューパン(燉牛肉麵包)¥680起

渡邊烘焙坊創業自1891年，是歷經上百年的老鋪，店內的招牌商品是各種特別口味的紅豆麵包。梅乾紅豆麵包內餡包入一整顆小田原梅乾，酸酸甜甜的滋味意外地搭配喔！此外使用溫泉水製作麵糰的燉牛肉麵包也是人氣商品。

大和屋商店

交通➡箱根登山鐵道宮ノ下駅徒步5分；公車站「ホテル前」徒步1分 **電話**➡0460-82-2102 **地址**➡神奈川縣足柄下郡箱根町宮ノ下223-8 **時間**➡11:00~16:00 **休日**➡無休

在大和屋商店裡四處擺滿了各式各樣的古陶器，商品以江戶中期至末期的古伊萬里為主，不論是碗盤、茶杯或是花瓶應有盡有，找不到想要的商品還可以直接向老闆詢問，老闆會非常熱心地講解與介紹。若是擔心陶器物品在旅程中攜帶不易，店裡同時也有和紙工藝以及貨真價實的浮世繪作品等。

Café de motonami

交通➡箱根登山鐵道宮ノ下駅徒步5分；或搭箱根登山巴士「宮ノ下溫泉」下車徒步3分 **電話**➡0460-87-0222 **地址**➡神奈川縣足柄下郡箱根町宮ノ下366 **時間**➡平日10:00~18:00、假日9:00~18:00(最終點餐17:30) **休日**➡週四 **價格**➡和風聖代¥800起 **網址**➡motonami.com/

Café de motonami 是由富士屋旅館舊公車亭所改建而成的咖啡店，建築物本身就已經有80年的歷史，外觀極為洋風典雅，內部經由精心巧手佈置得色彩繽紛、四處掛滿了藝術作品，整體氣氛相當地摩登舒適卻又帶點懷舊情懷。店內的招牌點心為使用北海道十勝紅豆和沖繩黑糖所製作，漂亮又可口的各式各樣和風聖代，除了甜點及咖啡之外也有提供咖哩套餐。

富士屋飯店
富士屋ホテル

交通➡箱根登山鐵道宮ノ下駅徒步7分；或搭乘伊豆箱根巴士至「宮ノ下溫泉」站下車徒步2分 **電話**➡0460-82-2211 **地址**➡足柄下郡箱根町宮ノ下359 **時間**➡Check-in 15:00、Check-out 11:00 **網址**➡www.fujiyahotel.jp

1878年在橫濱經營外賓餐廳的山口仙之助，買下500年歷史的旅館藤屋，富士屋正式開幕，以「當東方遇上西方」為主要精神，水派洋房戴上了日本式的社寺屋頂，樓梯間與大廳則處處可見具有東方美的雕刻。有鑑於東西方民情不同，不設大眾浴池，而是將溫泉引入每間客房，讓貴賓們在房間泡湯。

The Fujiya
電話➡0460-82-2211 **地址**➡富士屋飯店內 **時間**➡7:30~10:00、11:30~15:30、17:30~22:00(晚餐為預約制)

富士屋飯店的附設西餐廳「The Fujiya」，在1930年開幕時可說是開西洋料理之先河。主餐廳以日光東照宮本店為雛型設計，館內到處可見精美細膩的雕飾，繁複的裝飾流露出其不凡的歷史與藝術價值。料理堅持傳統，用2天時間細火慢燉的牛肉燉飯、香氣濃郁的咖哩等，都是近百年不變的好味道。

MAP

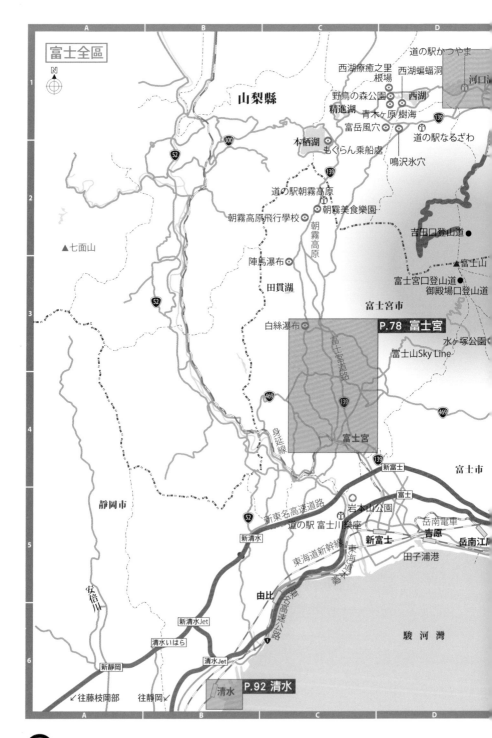

富士全區

N

山梨縣

西湖療癒之里
根場
道の駅かつやま
西湖蝠蝠洞
野鳥の森公園
西湖
精進湖
青木ヶ原樹海
富岳風穴
道の駅なるさわ
本栖湖
もくらん乗船處
鳴沢氷穴
139

道の駅朝霧高原
朝霧美食樂園
朝霧高原飛行學校
朝
霧
高
原

吉田口登山道 ●

▲七面山

陣馬瀑布

富士山

田貫湖

富士宮口登山道 ●
御殿場口登山道

52

富士宮市

白絲瀑布

水ヶ塚公園

P.78 富士宮

富士山Sky Line

身
延
線

富
士
宮
道
路

469

139

469

富士宮

新富士

富士市

静岡市

富士

52

岩本山公園

新東名高速道路

道の駅 富士川樂座

新富士

岳南電車

新清水

東海道新幹線

東
海
道
本
線

吉原

岳南江尾

田子浦港

岳南鐵道

安
倍
川

由比

駿 河 灣

新清水Jet

東
名
高
速
公
路

清水いはら

清水Jet

新静岡

清水

P.92 清水

←往藤枝岡部   往静岡↓

118

P.52 河口湖

→往都留

P.67 富士吉田

中央自動車道

道の駅富士吉田

P.61 山中湖・忍野

富士吉田市

山中湖

小山町

東名高速道路

神奈川縣

須走口登山道

道の駅 すばしり

道の駅 ふじおやま

P.83 御殿場

御殿場 PREMIUM OUTLETS

→往厚木

小田原厚木道路

小田原市

御殿場市

御殿場線

富士こどもの国

御殿場高原時之栖

138

箱根町

P.107 強羅・大涌谷

→往西湖二宮

東海道本線

裾野

静岡縣

鐵線蓮之丘

畢費美術館

芦ノ湖

P.114 芦之湖

湯河原町

裾野市

三島市

駿河湾沼津SA

長泉沼津

沼津

東海道新幹線

東海道本線

三島

三嶋大社

函南町

相模灣

沼津市

P.88 沼津

伊豆箱根鐵道

伊豆の國市

熱海

熱海市

伊東線

P.98 西伊豆

河口湖

N
節侍川

←往甲府

馬場川

虹夕諾雅 富士 Ⓗ

Slow Garden 砧 ☺

大石公園 ◉

奥川

鵝の島

湖北VIEW LINE

北岸 湖畔公路

Ⓗ
癒しの宿
プライベートホテル麗

21

←往西湖

富士御室淺間神社

歷史民俗資料館 ●

多佐エ門公園 ●

シッコゴ自然公園

● 愛の鐘

Ⓗ
富士View Hotel

小海公園 ●

🛈 道の駅かつやま

710

714

河口湖温泉元湯 野天風呂天水
久保田一竹美術館
河口湖北岸 紅葉迴廊
猿まわし劇場
秀峰閣 湖月
地中海食堂 el Perro
Country Lake System
KBH河口湖Boat House
ほうと不動
河口湖北本店
湖畔麺包工房 LAKE BAKE
河口湖木ノ花美術館
音樂盒之森
長崎公園
河口湖遊覧船
河口湖美術館
JA北富士河口湖物産館
河口湖
風のテラスKUKUNA
湖楽おんやど富士吟景
ホテル美富士園
湖山亭うぶや
湖のホテル
若草の宿 丸栄
八木崎公園
産屋ヶ崎
富ノ湖ホテル
Route Inn河口湖
湖波
河口湖Muse館・与勇輝館
赤石旅館
湖龍
北原ミュージアム〜
幸せな時代の物たち〜
宮之下旅館
山水荘
民宿旅館ふじ荘
大池公園
河口湖天上山公園
カチカチ山纜車
河口湖香草館
Royal Hotel
山梨寶石博物館
河口湖遊覧船乗船處
FUJIYAMA COOKIE
コーナーハウス
河口湖飯店
富士Lake Hotel
河口湖畔
富士見台
花水庭おおや
甚兵衛茶屋
山岸旅館
河口湖新倉掘抜史跡館
井出醸造店
天上山公園
Harb Garden Restaurant
四季の香り
Gateway Fujiyama
河口湖駅店
河口湖
富士急行線
↑往御坂峠
↘往富士吉田

ホテル鐘山苑

忍野八海

岡田紅陽寫真美術館
小池邦夫繪手紙美術館
駅の道
富士吉田
天祥庵
富士山雷達館　富士山博物館
四季の杜
忍野公園
森の中水族館
さかな公園
角屋豆富店
八海とう。

東海自然歩道

出口池

民宿柳原

富士パノラマライン
東富士五湖道路
138

山中湖國際ラケットクラブ

山中湖AUTO-CAMPING

花の都公園
フローラルドームふらら

ホテルマウント富士

ファミリーロッジ旅籠屋・山中湖店

紅富士の湯

山翠
伝衛

毬藻庵
山中棧橋
(白鳥の湖乗船處)
富士お湖の宿 多賀扇

往富士吉田IC

忍野八海

新　名庄川

忍草浅間神社

菖蒲池

鏡池
かやぶき茶屋

往さかな公園

湧池
濁池
かまのはた

銚子池

榛の木森資料館

お釜池　底抜池

往出口池

忍野郷土館

▲日向峰

▲石割山
🗼 石割神社

東海自然步道

石割山路段

東海自然步道大平山路段

石割の湯 ♨

岩下哲士アトリエ館

長池親水公園

ままの森見晴台

富士毬藻棲息地
(縣指定天然紀念物)

秀山荘 H   天神社 🗼   富士重荘 H

山 中 湖

水明荘 H   Casserole

◎ 白鳥の湖

湖山荘露營地   山中湖高原 體驗工房アントヴ

湖山荘 H   ◎   展望台

旭日丘棧橋
(白鳥の湖乘船處)   泰迪熊世界美術館 ◎   山中湖美術館   山中湖写真ギャラリー

PICA山中湖村   旭日丘BT   聖誕之森 聖誕老公公博物館

山中湖文學之森   水陸兩用巴士 KABA

三島由紀夫文學館

德富蘇峰館

↓ 往御殿場

730

河口湖大橋

湖山亭うぶや

ホテル美富士園
Route Inn河口湖

河口湖

FUJIYAMA COOKIE

富士Lake Hotel
河口湖遊覧船乗船處

富士見台
河口湖畔

天上山公園
カチカチ山纜車

河口湖

新倉山淺間公園
しんたく
入山うどん

新倉屋
下吉田俱楽部
下吉田

葭池温泉前
BRIGHT BLUE BREWING

小宮浅間神社
FabCafe Fuji
天下GO!麺

月江寺

富士吉田懷舊商店街

うどん工房

金精軒

富士急ハイランド
富士急高原樂園

海の家

美也川

糸力

ふじや
富士山

富士山温泉
HIGHLAND RESORT
Hotel & SPA

Q-STA
金鳥居
山崎家

NADAYA
麺許皆伝

139

白須うどん

FUJIYAMA
MUSEUM

舊戸川家住宅

シフォン富士

麺'ズ富士山

御師の宿 筒屋

北口本宮冨士浅間神社

浅間茶屋

サファイ屋
ホテル鐘山苑

道の駅 富士吉田
富士山雷達館

岡田紅陽寫眞美術館
小池邦夫繪手紙美術館

立石茶屋

富士山博物館

忍野温泉旅館

富士北麓公園

東富士五湖道路

忍野観光飯店

137

A B C D

1 2 3 4 5 6

寿

中央自動車道

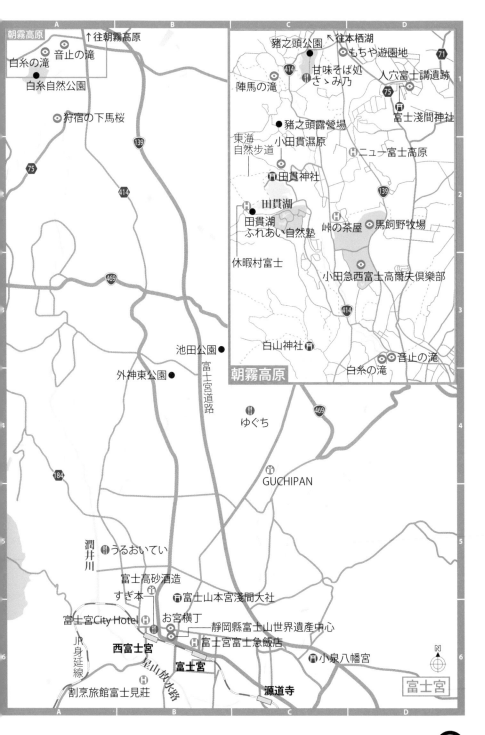

朝霧高原

白糸の滝
音止の滝
↑往朝霧高原
白糸自然公園
狩宿の下馬桜
139
75
414

猪之頭公園
↖往本栖湖
もちや遊園地
71
414
甘味そば処 さゝみ乃
人穴富士講遺跡
陣馬の滝
75
富士淺間神社
猪之頭露營場
東海自然歩道
小田貫濕原
ニュー富士高原
田貫神社
139
田貫湖
峠の茶屋
馬飼野牧場
田貫湖 ふれあい自然塾
休暇村富士
小田急西富士高爾夫倶樂部
414
白山神社
朝霧高原
音止の滝
白糸の滝

池田公園
外神東公園
富士宮道路
469
ゆぐち
469
184
GUCHIPAN
潤井川
うるおいてい
富士高砂酒造
すぎ本
富士山本宮淺間大社
富士宮City Hotel
お宮横丁
静岡縣富士山世界遺産中心
JR身延線
富士宮富士急飯店
西富士宮
富士宮
小泉八幡宮
割烹旅館富士見荘
源道寺
N
富士宮

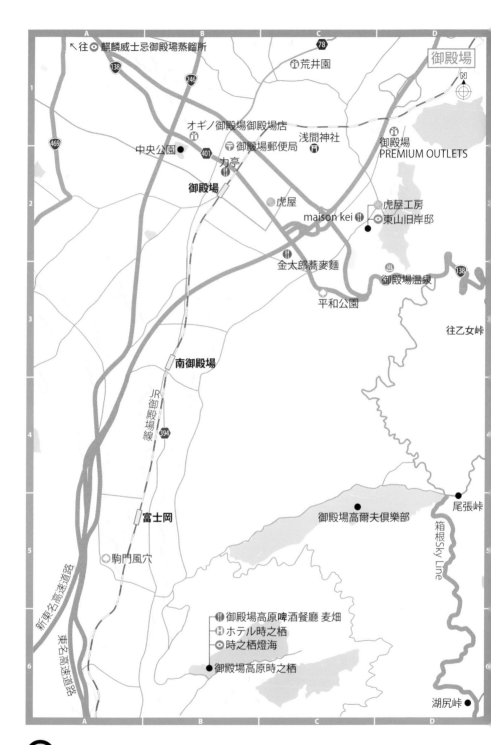

往 ◎ 麒麟威士忌御殿場蒸餾所

🗾 荒井園

御殿場

オギノ御殿場御殿場店

浅間神社

御殿場
PREMIUM OUTLETS

中央公園 ●

御殿場郵便局

力亭

御殿場

虎屋

虎屋工房

maison kei

東山旧岸邸

金太郎蕎麥麵

御殿場温泉

平和公園

往乙女峠

南御殿場

JR
御
殿
場
線

富士岡

御殿場高爾夫倶樂部

尾張峠

箱
根
Sky
Line

駒門風穴

御殿場高原啤酒餐廳 麦畑
ホテル時之栖
時之栖燈海
御殿場高原時之栖

新
東
名
高
速
道
路

東
名
高
速
道
路

湖尻峠

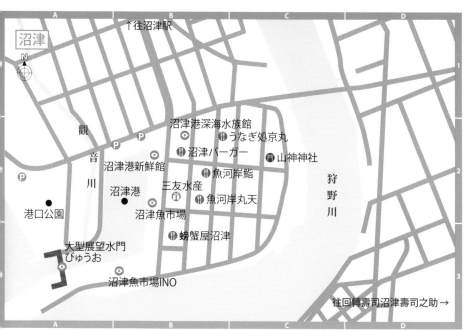

沼津

↑往沼津駅

N

観音川

沼津港深海水族館
うなぎ処京丸
沼津バーガー
山神神社
沼津港新鮮館
魚河岸鮨
三友水産
魚河岸丸天
沼津港
沼津魚市場
港口公園
螃蟹屋沼津
大型展望水門
びゅうお

狩野川

沼津魚市場INO

往回轉壽司沼津壽司之助 →

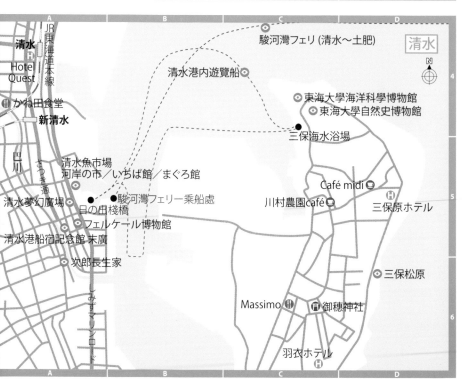

JR東海道本線

清水

Hotel Quest

かね田食堂

新清水

駿河灣フェリ(清水〜土肥)

清水

N

清水港内遊覽船

東海大學海洋科學博物館
東海大學自然史博物館

三保海水浴場

巴川

さつき通

清水魚市場
河岸の市／いちば館／まぐろ館

清水夢幻廣場

駿河灣フェリー乘船處

目の田棧橋

フェルケール博物館

清水港船宿記念館 末廣

次郎長生家

Café midi
川村農園café
三保原ホテル

三保松原

Massimo
御穗神社

しみずマリンロード

羽衣ホテル

元箱根・芦ノ湖

▲三國山

▲駒ヶ岳
山頂

九頭龍神社

白龍神社
75

箱根駒ヶ岳纜車

箱根海賊船

The Prince箱根芦ノ湖

箱根園水族館 箱根園

龍宮殿

芦ノ湖

芦ノ湖SKY LINE

万巻上人之墓
箱根神社
小田急山のホテル 權現か
Salon de the
ROSAGE
(桃源台～元箱根) 平和鳥居

(桃源台～箱根町)

(元箱根～箱根町)

山伏峠

縣立恩賜
箱根公園

箱根關所
箱根寄木細工 關所からくり美術館
静岡縣 裾野市 箱根Hotel
海賊船乗船處 雲日
箱根やすらぎの森 箱根駅伝博物館

道の駅 箱根峠

静岡縣 三島市

1

箱根湯の花温泉飯店 H

うたゆの宿箱根 H

▲鷹巣山

鶴鳴館 松坂屋本店 H　H 山形屋

芦の湯温泉

東海道

舊東海道

須雲川 ①

精進池

▲上二子山

⊙ 畑宿寄木會館

●
箱根舊街道一里塚

▲下二子山

見晴茶屋 ⊙

お玉池

⊙ 箱根舊街道石畳

132

かもち
H 嶽影樓 松坂屋

⊙ 甘酒茶屋

海賊船乗船處
●

● 成川美術館 ⊙

大沢

⊙ 箱根舊街道杉並木

TOYO TIRES TURNPIKE

團子總本店

H 匠の宿 佳松

①

椿LINE

●
土肥大杉跡

75

▲大觀山

白雲の滝 ●

75

白銀林道

湯河原PARK WAY

静岡縣
御殿場市

乙女峠
公時神社
乙女道路
乙女觀光
案内所
松月堂菓子鋪
箱根Lalique Museum
Albergo
川涌の湯 マウントビュー箱根
小田急高地飯店
武士の里美術館
小王子
博物館
濕生花園
おくど茶寮利休庵
箱根玻璃
美術館
仙郷樓
リフレッツ箱根仙石原
大箱根飯店
▲台ヶ岳
Meissen Museum
上湯温
ホテルグリーンプラザ箱根
箱根イタリ亭
六花荘
パレスホテル箱根
姥子
箱根空中纜車
大涌谷
ホテル花月園
大涌谷駅食堂
ホテル箱根
パウエル
姥子温泉
玉子茶屋
箱根高原ホテル
かんぼの宿
箱根
SKY
LINE
箱根レイクホテル
箱根アルパインハウス
桃源台
姥子温泉芦ノ湖一の湯
桃源台
ホテルジャパン箱根
箱根海賊船
(桃源台〜箱根町・元箱根)
芦ノ湖
神山▲
75

早川

箱根
てのゆ

八千
代橋

富士屋別館
菊華荘

堂ヶ島温泉

大和屋商店

蛇骨川

渡辺ベーカリー

明星館

みやふじ

富士屋
飯店

Café de motonami

エクシブ箱根離宮

嶋寫真館

セピア通

宮ノ下観光案内所

チャップリン散歩道

浅間公園

箱根吟遊

箱根登山電車 (鐵道線)

NARAYA CAFÉ

宮ノ下

宮ノ下

ミスティイン仙石原

Pola美術館

nboo

136

宮城野温泉

箱根登山電車 (鋼索線)

銀豆腐

ドッグパレスリゾート箱根

下湯温泉

強羅

公園下

田むら 銀勝亭

中強羅

公園上

強羅花詩

上強羅

強羅公園

石川菓子舗

彫刻の森

早雲山

箱根美術館

宮ノ下

早雲閣

箱根強羅ホテル

箱根登山電車 (鐵道線)

富士屋飯店

強羅花扇

彫刻之森
美術館

宮ノ下

谷
研究路

レストラン　ロア

宮ノ下温泉

小涌園ユネッサン

小涌谷

早雲山

箱根小涌園
ユネッサンイン

武蔵野別館

冠ヶ岳

箱根ホテル小涌園

三河屋旅館

浅間山

丸山

N

伊豆半島

N

十里木高原

▲位牌岳
▲愛鷹山

岳南電車

岳南江尾

東名高速道路

吉原

JR東海道本線

原

沼津

沼津港

駿河湾

大瀬崎

戸田港

土肥港

土肥金山

富岳群青

戀人岬

富士見台

黄金崎

堂ヶ島

松崎港

海鼠通

岩地温泉

赤井濱露天風呂

波勝崎

ササユリの里
天神原植物園

石廊崎

竜宮窟

強羅

箱根登山鐵道

小田原

神山 ▲

駒ヶ岳

箱根湯本

芦ノ湖

芦ノ湖Sky Line

裾野

三島

三島

246

1

真鶴

湯河原

真鶴海岸

相模灣

熱海

大場

沼津

136

伊豆箱根鐵道

韮山

熱海

熱海温泉

伊豆長岡温泉

松濤館

JR伊東線

135

宇佐美

修善寺温泉

修善寺

修善寺

伊東

川奈

136

遠笠山

▲

天城山

▲

伊豆高原

伊豆急行

天城峠

伊豆熱川

熱川温泉

河津七滝

414

伊豆稲取

稲取温泉

河津

河津

暗沢山

▲

伊豆急下田

下田温泉

下田

富士，日語讀做FUJI，與「不二」的讀音相同，「不二」這怪怪的中文，可以解釋作沒有第二個，由此可再次確知富士山在日本人心中是正是「獨一無二」「世上無雙」的一座聖山。其實，不只對日本人，對許多外國旅客來說，除了櫻花與藝妓，最能代表日本的畫面也正是富士山的景致。將富士山色邀入旅宿空間，沒有如織遊人的喧擾，只在彷若夢境的富士晨光中享受被喚醒慵懶。

富士居遊

絕景富士 VIEW 住宿推薦

DATA

交通：開車由河口湖IC下約20分即達；有預約付費接送服務　地址：山梨縣南都留郡富士河口湖町大石1408
電話：050-3134-8096　時間：Check in 15:00~，Check out ~12:00
網址：hoshinoresorts.com/zh_tw/hotels/hoshinoyafuji/

絕景富士 VIEW
1
HOTEL推薦

山梨
虹夕諾雅 富士

用湖山綠意療癒身心

　　星野集團（Hoshino Resorts）結合了富士山與日本近年的奢華野營「Glamping」風潮，在河口湖與富士山遙遙相對的山丘上打造日本第一座Glamping旅宿「虹夕諾雅 富士」，特地依不同的自然景觀分區，旅宿小屋位於山麓的草原區，往上是杉林區的餐廳，山巔一帶的赤松林則是坐落著觀景的兩座露臺，一座宛如漂浮在常年積聚的雲霧之中，故名「雲之露臺」。另一座則是作為交誼廳的「營火露臺」。

　　旅宿小屋（Cabin）外觀似水泥方磚相疊，一式水泥建物的淺灰空間，皆設觀景露臺。為襯托室外絕景，只保留舒適的元素，調控溫度及光線，減去一切不必要的色彩和裝飾。極簡空間以落地玻璃窗與露臺相連，視野自幽暗豁然開闊，仿若置身於一只望遠鏡。露臺上設有長桌躺椅，入夜後可燃起一小方溫暖篝火，在星空下愜意地輕舉手中酒杯，

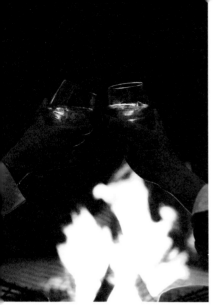

Room Design

簡約的客房設計，使四季在這裡更加鮮明。

Breakfast

木盒早餐選用地產食材，坐在房間露台享用感受醉人風景。

Experience

在樹影下自製森林窯烤披薩，挑選喜歡的食材、醬料，再放入石窯烘烤，有趣又美味。

清晨的河口湖靜謐優美，參加獨木舟體驗行程，輕輕划過湖面，享受悠然恬靜的美好時光。

在一山靜謐之中，邀請隱於夜色之中的富士山對飲。

以「野炊」為概念，虹夕諾雅 富士取得當地時令蔬果和鮮腴肉品，精心安排多種用餐體驗。主餐廳以桁架搭就的挑高空間，玻璃為牆，造出開放的通透感，設置大型燒烤臺，進行烤肉漢堡和牛排的燒烤表演，感受大口吃肉的豪爽。客房用餐則有餐盒或和洋輕食、火鍋可選擇。而森林中的餐桌Forest Kitchen，將森林恩惠和地產野味（ジビエ）結合在一起，並融入製作過程，享受一場獨特的用餐體驗。

秉持最佳旅宿體驗的信念，虹夕諾雅 富士依季節設計了精彩的富士山創意遊樂：河口湖晨間泛舟、森林乘馬、由觀星嚮導帶領的富士山星空之旅、被指定為天然紀念物的青木原樹海生態之旅、寒冷冬夜的空中觀星帳篷；亦可加入大廚的煙燻課，選用喜愛的木柴學習如何燻製起司、鹿肉或河魚；夜間來到營火露臺的燻製Bar，以自製的煙燻食品佐威士忌，極致享受野宿的快意時光。

湖山亭如其名，是一間可以同時享受湖光山色的純和風旅館，鋪設著榻榻米的日式木造館舍內不裝傳統窗櫺，代之以超大的全景玻璃窗，並提供附設露天浴池的客室。浴場、用餐室、會客廳皆以觀景為目的精心打造，讓入住旅客不錯過任何一刻的富岳美景。湖山亭最精彩特色便是「溫泉」，溫泉館「碧」

竟然設有六種不同的浴場：大浴池、生湯、寢湯、足湯、按摩池、露天浴池。先在蒸氣室裡蒸出累積的疲勞，再到大浴池泡湯紓緩，盡情欣賞落地窗外美麗的湖中逆富士，也可以選擇不同功效的浴場或「Resort BeauSPA」的療程加強，最後則飲用館方提供的「富士名水」補充流失水份，注入靈峰能量強化身心。

SPOTLIGHTS
of the
HOTEL

[**Room
Design**]

在うぶや，每一個房型都能眺望富士山景。

[**Hot Springs**]

邊泡溫泉，邊欣賞雄大的富士山景，奢侈感受不過如此。

DATA

交通：開車由河口湖IC下約10分即達；於河口湖駅有送迎巴士，抵達時致店即會派車來接
地址：山梨縣南都留郡富士河口湖町淺川10 **電話**：0555-72-1145
時間：Check in 15:00~18:00，Check out ~11:00 **網址**：www.ubuya.co.jp

Hot Springs

富士山溫泉中的大浴場，引入碳酸鈣溫泉，具有溫熱特性，沐浴後肌膚感覺光滑柔滑。

Experience

飯店就位在富士急樂園旁，可以串聯行程，盡情感受刺激設施。

DATA

交通：開車從中央自動車道河口湖IC、東富士五湖道路富士吉田IC，皆出口即達。從富士山駅有免費接駁巴士可搭乘，約1小時一班車，時刻表詳洽官網　**地址**：山梨縣富士吉田市新西原5-6-1　**電話**：0555-22-1000　**時間**：Check in 15:00～，Check out ～11:00　**網址**：www.highlandresort.co.jp

絕景富士VIEW
3
HOTEL推薦

山梨
HIGHLAND RESORT Hotel & SPA

富士山腳下的小法國

HIGHLAND RESORT Hotel & SPA擁有壯觀的富士山景觀，從房間看出去整個富士山就在眼前，飯店的另一邊面對富士急樂園，夜晚各種遊樂設施點起光鮮的霓虹燈，顯得特別浪漫，面對樂園的房間雖然看不到富士山，也依遊樂園裡熱門角色設計主題套房，像是湯瑪仕小火車、Gaspard et Lisa等，每個小細節都不放過，讓人完全迷失在繪本世界中。飯店裡有四種不同風格的餐廳，住宿的客人可以加入「附早餐」或「附兩餐」的組合，在價格上比較優惠。而與飯店相臨的富士山溫泉，以玻璃牆的設計搶盡鋒頭，無論是富士山景觀還是樂園全景都盡收眼底，這樣的風景不只住宿客人可以享受，一般民眾也能付費進入。

137

靜岡
富岳群青

靜岡
日本平旅館

坐看一色碧海山青

富士山風景美術館

　取富岳和海灣之「青」為名，一字的長形建築臨海矗立在山丘上，佔地約130平方公尺，卻只得八間客室。每間客室的陳設風格皆不相同，古典、散逸、自然或簡約，專屬空間寬敞得幾近奢侈。賞美景的同時，也品美食，富岳群青的料理使用駿河灣的魚貝和有機蔬菜，以法式調理法製作創意懷石料理，當季旬味化身成餐桌上的美麗色彩。

　有「風景美術館」之稱的日本平旅館，坐落於駿河灣邊的日本平山頂，可眺望山腳下的清水港、靜岡萬戶街景與湛藍駿河灣。本館是現代風格的洋室，別館是氛圍靜謐的和室，室內貼心地設有觀景落地窗，明亮的衛浴空間亦可賞景。可在館內享用到「The Terrace」的正統法國料理與「富貴庵」的傳統日本料理，技藝高超的大廚以靜岡季節食材烹製美味佳餚。

DATA 交通：開車由東名快速道路經由沼津IC，往修善寺方面約1小時30分左右能達。從三島駅搭乘線巴士至「土肥溫泉」巴士站，再轉計程車約10分即達　地址：靜岡縣伊豆市八木沢2461-1　電話：050-5805-9386　時間：Check in 15:00~18:00，Check out ~12:00　網址：www.fugakugunjo.jp

DATA 交通：JR靜岡駅搭乘路線巴士至「日本平ホテル」下車即達，另外從靜岡駅與東靜岡駅也都有接駁車可搭乘。開車由東名高快速道路經由靜岡IC、清水IC皆約25分能達　地址：靜岡縣靜岡市清水區馬走1500-2　電話：0543-35-1131　時間：Check in 14:00~，Check out ~12:00　網址：www.ndhl.jp

SPOTLIGHTS of the
HOTEL

SPOTLIGHTS of the
HOTEL

Room Design 從客房就能隔海望向富士山，遺世而立的獨居感，吸引富裕客層。

Room Design 大片落地窗引進山景，悠閒渡過假日時光。

館內餐廳GKB Grand Table提供道地的德國啤酒與肉製品，大口吃肉大口喝酒十分爽快。

DATA 交通：從JR三島駅、裾野駅、岩波駅、御殿場駅皆有免費接駁巴士接送，詳細時間請洽官網。開車由東名高速道路裾野IC約5分即達 地址：靜岡縣御殿場市神山719 電話：0555-87-3700 時間：Check in 15:00~，Check out ~11:00 網址：www.tokinosumika.com/stay/tokinosumika/

絕景富士VIEW
6
HOTEL推薦

靜岡
時之栖

平地高起遠山對望

時之栖飯店是屬於時之栖休閒園區眾多設施中的一項，最大的特徵是價格優惠。被森林圍繞的時之栖休閒園區，有人氣最旺的御殿場高原啤酒、溫泉、健康中心和以檜木雕刻的前島秀章美術館等設施，入夜之後可以欣賞180度全方位的夜景，點綴在富士山腳的御殿場市燈火像點點繁星，搭上背後微暗的山景，絕美景色只能親自體驗。飯店四周還規劃出賞櫻步道、森林步道等，因此住宿在時之栖飯店的遊客，除了泡溫泉之外還能享受周圍的環境。而在高原啤酒餐廳用餐更有優惠特價，每到冬季園區內的點燈更是被評為日本第一，成為御殿場市最熱門的假日休閒去處。

坐落在熱海市的高台上，RISONARE熱海提供俯瞰整座城市與海洋的完美視野。所有客房均擁有絕美海景，以海洋藍為基調，營造出清新愉悅的氛圍。而新推出的客房則設有大片面向海洋的露台和起居室，非常適合現代家庭或是三五好友的團體旅遊。

RISONARE 熱海認為，家庭旅行不僅是孩子們第一次開拓視野的契機，

靜岡
星野集團
RISONARE 熱海
傲看一室海景風光

也是與家人共享美好回憶的絕佳機會。通過旅行中的各種體驗，可以穩定孩子們的心理和人格，因此特別設計了各種「旅育」計劃，提供豐富多彩的活動體驗，讓孩子們在旅行中學習和成長。說RISONARE 熱海是專為現代家庭精心設計的度假村一點也不為過，既能讓孩子們盡情玩樂，也能讓大人們享受屬於自己的寧靜時光。

DATA

交通：熱海駅有接駁車 地址：靜岡縣熱海市水口町2-13-1 電話：050-3134-8096
時間：Check in 15:00~18:00，Check out ~11:00 網址：hoshinoresorts.com/zh_tw/hotels/risonareatami/

入住期間的體驗活動也是一大亮點。特別是「森林空中基地」，可以體驗在樹稍上散步探險，也能進到如同童話世界般的樹屋中辦場茶會。而在頂樓的「空中沙灘Books&Café」營造出白沙灘上的書店咖啡廳氣氛，讓人赤腳踩在沙灘上，彷彿漂浮在空中之島，十分夢幻。晚上九點以後，這裡轉為僅限成人使用的酒吧空間，可以一邊欣賞熱海的夜景，一邊享用美酒，或是靜靜地閱讀，度過一段安靜而愜意的時光。

美食當然也是一大重點。在「和食Dining 花火」可以品嚐到以地產鮮魚為主的會席料理，像是鮑魚、金目鯛等海鮮美味，精緻且美味。而在自助餐廳もぐもぐ（MOGMOG），則以「海洋」為主題，呈現各種新鮮食材和海鮮，豐富多樣的選擇，適合各個年齡層一同享用。

無論是與家人共享歡樂時光，還是享受獨處的寧靜時刻，RISONARE 熱海都能滿足各個年齡層的需求，帶給全家人一段美好的度假回憶。

空中沙灘Books&Café直接將白砂運至室內，結合咖啡、書店氛圍，提供一處喘息的空間。

SPOTLIGHTS of the
HOTEL

Room Design

每個房間都是面海房，藍白配色充滿海洋意象。

Experience

大人小孩都能挑戰的樹稍漫步，有各種級別的挑戰，人人都能盡興。

Hot Springs

館內的天然溫泉「明星の湯」能一望熱海灣景，夏季花火大會來泡更是一大享受。

| Garden |

每年五月上旬,杜鵑花盛開,隨後石楠花也美麗綻放,將整個庭園覆蓋。

| Hot Springs |

被樹木環繞的露天風呂,讓人感受到如同森林浴般的氛圍,是可以充分感受四季變遷的療癒空間。

DATA **交通**:開車走東名高速道路經由御殿場IC,接國道138線再轉縣道75號往元箱根港方向即達。於元箱根港有送迎巴士,可搭乘箱根登山巴士至元箱根港再轉送迎巴士 **地址**:神奈川縣足柄下郡箱根町元箱根80 **電話**:0460-83-6321 **時間**:Check in 15:00~,Check out ~12:00 **網址**:www.odakyu-hotel.co.jp/yama-hotel/

絕景富士VIEW
8
HOTEL推薦

箱根
小田急 山之旅館

繁花間的華族風情

小田急山之旅館,位於箱根區芦ノ湖畔,原為三菱集團第四代社長岩崎小彌太男爵於1911年所建的別邸。以借景手法打造45,000坪的別邸庭園,園內植滿自國內外搜羅的各色躑躅、石楠、玫瑰與金盞,並以法國噴水池和亭臺裝飾。1948年改為旅館後歷經幾次改建,於1970年代確立現今的外觀。洋館的磚紅屋頂搭配白牆,在森林的環繞下,還能感受到幾分明治時期的華族風情。館舍面向波光瀲灩的芦ノ湖和遠方的富士山,89間的和洋客室皆可觀景,露天浴場鄰近石楠園和檜木林,挑高落地玻璃窗將浴池隔出內外,通透明亮的綠意染滿一池蒸騰,讓身心皆煥然一新。

箱根
The Prince箱根芦ノ湖

華美的湖邊度假別墅

　　走精緻路線的The Prince箱根芦ノ湖，看來就像一個大型別墅，飯店後方還則有大片森林緊臨芦ノ湖畔，頗有遠離塵囂的靜謐感，適合嚮往閒雅品味的遊客。飯店內部裝設成熟內斂，讓人彷彿進入熟識好友家裡客廳，毫無一般豪華飯店給人的壓迫感。入住可以眺望芦ノ湖自然景致的房間，天晴時富士山群山後探頭，完美角度讓人充分領會箱根的山光水色。

DATA 交通：從小田原駅或箱根湯本駅搭乘伊豆箱根巴士於「ザ プリンス 箱根芦ノ湖」或「箱根園」巴士站下車即達，開車走東名高速道路經由御殿場IC，接國道138線再轉縣道75號往元箱根港方向即達　地址：神奈川縣足柄下郡箱根町元箱根144　電話：0460-83-1111　時間：Check in 15:00~，Check out ~11:00　網址：www.princehotels.co.jp/the_prince_hakone/

箱根
龍宮殿

素樸深靜的正統溫泉旅館

　　至今仍保留著日本傳統木造建築的龍宮殿，所有客房都是和室榻榻米，室內設備隨著時代改變而逐一增修的痕跡處處可見。遠離塵囂的周邊環境，更讓人得到充分的休息。你會發現，這乍看之下平淡無奇的空間，是多麼充分利用了所在的地理位置，非常符合一般對日本泡湯情趣的想像與憧憬，隨季節而變換菜色的懷石料理，更是日本料理的經典呈現。

DATA 交通：從小田原駅或箱根湯本駅搭乘伊豆箱根巴士於「龍宮殿前」站下車即達；開車走東名高速道路經由御殿場IC，接國道138線再轉縣道75號往元箱根港方向即達　地址：神奈川縣足柄下郡箱根町元箱根139　電話：0460-83-1121　時間：Check in 14:00~18:00，Check out ~10:00　網址：www.princehotels.co.jp/ryuguden/

Dining

飯店餐廳「Le Trianon」大量使用當地旬物，食材配色和優雅擺盤，在滿足口腹之慾之餘也賞心悅目。

Scenery

欣賞富士山與芦ノ湖共譜出來的美景，盡情感受室外的天光雲影。

① 富士山酒杯
富士山グラス

富士山造型的富士山酒杯，280 毫升的小巨人富士，想要製造出冠雪般的濃郁泡沫可是需要一點技巧，前半部請把啤酒杯打斜，讓啤酒順向滑入杯底，待至中途再把啤酒杯打正，讓啤酒海撞擊出雪白的泡沫，頂峰一層晶瑩綿密的雪，肚裡滿滿澄黃瑩亮，今天的富士山好滿足。

價格：￥3776

② 富士山交通錐
Fujisan mini mini cone

走在河口湖，兩三步就會遇到一個富士山形狀的交通錐，現在也可以把這個小廢物買回家啦！尺吋有一般款、中型與迷你款，除此之外，還有不少以此為發想的周邊商品，像是毛巾、自動鉛筆等，讓人全都想帶回家。

價格：mini ￥980

③ 富士山肥皂
FUJIYAMA SEKKEN

由 FUJIYAMA COOKIE 與松山油脂合作設計製作的富士山肥皂，是誕生於河口湖畔的新富士山，只因兩家公司皆設廠於河口湖。三座粉嫩嬌豔的小富士是薰衣草、迷迭香與檜木香皂，富含保濕甘油的天然成分，讓富士山的純正自然呵護你的肌膚。

價格：三入￥1000

④ 逆富士便箋
さかさ富士ふせん

富士山名景組合而成的逆富士便箋，是以逆富士加上霞紅富士、鑽石富士、赤富士、雪化妝這四種效果，組合成進階版珍奇名景，漸層的光影展現山巒獨特的朦朧美，小小的便箋典藏絕世光景。

價格：￥500

⑤ 富士山小知識衛生紙
富士山トリビアペーパー

由日本知名插畫家鈴木ともこ監修的富士山新名物，竟然是卷廁所用衛生紙！卷筒衛生紙上印了滿滿的富士山小知識，配上可愛插畫，以生動的語氣帶出許多不為人知的富士山小秘密，讀來有趣，讓人捨不得使用！

價格：￥350

再 怎麼玩也玩不夠！？那就把富士山打包帶回家吧！仙貝、餅乾、戚風蛋糕、啤酒杯，什麼東西都有賣、有辦法做成富士山。最不可思議的聖山，最不可思議的富士山買物，就是要你繼續富士中毒！

富士山腳下的伴手禮

6 case 3776 面紙袋
ケース3776 ポケットティッシュケース

由出身靜岡清水市的池ヶ谷知宏設計了一系列的富士山商品，在各個實用小物上加入富設計性的元素，一貫的藍白紅三色簡單呈現意象，受到年輕人歡迎。這個面紙袋特別的是，正面只畫到約富士山七合目，要將面紙抽出來後，整座富士山才成型。
價格：¥1650

7 富士山天空繪卷 吟釀

井出酒造以「甲斐の開運」為名釀造一系列清酒，其中使用百分百山梨產的ひとごいち米加上富士山伏流水所釀的吟釀酒，嚐來香氣足入喉順。酒瓶外再以富士山360度超廣角風景繪卷包覆，以富士形狀水引打結，濃濃的富士風物詩呈現眼前。
價格：180ml ¥1155

8 富士山馬克杯
MapMug

這款馬克杯印有從富士山五合目登頂的四條山道——吉田道、須走道、御殿場道、富士宮道。對於曾經到訪過富士山的你，這是值得珍藏的美好回憶；而尚未到訪的你，亦可透過杯身設計感受富士山獨特魅力。杯型呈錐形設計，穩固不易傾倒且易於清洗。
價格：1650

9 富士山空氣

想要呼吸富士山頂的新鮮空氣，打開罐頭就可以！這麼逗趣的商品一擺出來，竟然造成搶購熱潮，不管有沒有登上富士山頂的旅客，只要來到五合目都會買上一瓶做為紀念。可分大中小三種尺寸，但裡頭裝的都一樣是空氣，你會想把它打開來吸上一口嗎？
價格：小¥550，大¥1080

10 印傳屋 皮夾

「印傳」是流傳於甲州超過400年的皮革工藝，而「印傳屋」是創立於1582年的「甲州印傳」老字號品牌。以富士山為意象的花紋設計配色沉穩，是送給長輩的最佳選擇。各種大小應有盡有，就算無法到店舖，一些記念品店也都找得到。
價格：名片夾¥7700，小口金包¥3300

11 富士山吐司
FUJISAN SHOKUPAN

這個吐司外觀看似樸實無華，切開後竟然藏有一座富士山。藍色和白色的搭配，完美呈現山頂被雪覆蓋的經典景緻！店家嚴選當地天然食材，包括富士山的天然水、山梨縣的小麥、富士之嶺牛奶以及山梨縣的巨峰葡萄汁，每日新鮮製作而成，在品嚐美味的同時，也能感受自然的純淨與富士山的壯麗。

價格：富士山吐司 ¥864

12 富士山布丁
ふじさんプリン

La Verdure 木村屋是當地人非常喜愛的甜點與冰淇淋店。招牌商品富士山布丁選用富士之嶺牛奶和頂級雞蛋製作而成。特別的是在布丁中加入白酒，使得口感不會過於甜膩，增添了綿密與濃厚的風味。此外，店裡還有一款「河口湖布丁」，擁有更加清爽的牛奶香氣。

價格：富士山布丁 ¥453，河口湖布丁 ¥399

13 富士山餅乾
FUJIYAMA COOKIE

位在河口湖畔每日新鮮製作的 FUJIYAMA COOKIE，開業多年已經蓄積極高人氣。質地是 100% 日本國產小麥、富士山麓產的蜂蜜與起士，香草、紅茶、草莓、抹茶、巧克力等五種口味搭配原味、白巧克力峰或核果，一片片都是香醇濃郁在口中化開的大富士。

價格：15 枚入 ¥2600

14 富士戚風
フジフォン

富士山化為鬆軟綿滑的戚風蛋糕，是富士吉田市戚風蛋糕專門店シフォン富士（Chiffon）野村太太的創意作，朝霧高原的牛乳搭配忍野高原的雞蛋，組合成黃金比例的富士山，大口一咬，這個富士山不曉得是不是不小心吃下太多棉花糖雲，怎麼會這麼蓬鬆而又綿密？

價格：4 人份寬 15cm ╳ 高 8cm ¥993

15 富士山波蘿麵包
富士山メロンパン

來到富士山五合目，必吃的就是這一味。剛出爐的富士山波蘿麵包香氣撲鼻，外皮酥脆，內部麵包體鬆軟有彈性，波蘿麵包獨有的香味配上撒在山頂的可可粉，不只好看吃來更是美味。除了單買現吃，也有販售三入的盒裝。

價格：¥300

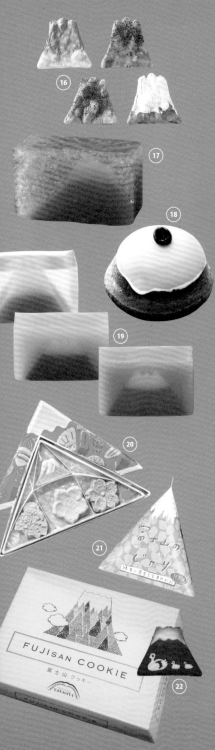

16 富士山仙貝
煎屋 手焼きせんべい富士山

富士山形狀的手燒仙貝，嚴選食材、手工製作，大谷石釜烘烤至薄脆，刷上淡醬油，米香與柴灶馨香襲來，春夏秋冬四種口味，是碧翠的春抹茶、燠熱的夏胡椒、楓紅的秋一味粉與冠雪砂糖的冬，可愛的造型裡蘊含老式的風雅質感。

價格：6 枚入￥1000

17 富士山四季羊羹
四季の富士

御殿場虎屋的獨家商品，利用傳統的製菓技術，將富士山的四季之美凝縮在這一小塊的羊羹。將寒天溶解後加入白雙糖，再以麥牙糖凝結的琥珀羹作為天空，粉紅琥珀襯著富士白雪是 3~5 月春季限定，其它三款各代表夏秋冬，也都是只有在當季才品嚐得到的限定美味。

價格：24.5×6.0×4.0cm ￥4320

18 富士山頂
ふじさんちょう

這是靜岡縣名菓田子之月的代表作。使用富士山麓的新鮮牛奶和優質生奶油，製作出順滑細膩的特製卡士達醬，並填入濕潤的海綿蛋糕中。蛋糕表面覆蓋白巧克力，再以咖啡口味的巧克力裝飾頂端，呈現出如同雪覆富士山的美麗景象。

價格：一個￥200，4 入禮盒￥960

19 富士山羊羹
富士山 color variation

不同於高貴的虎屋，河口湖的老舖金多滿留推出了更加可愛、口味多元、價格親民的富士山羊羹。目前有宇治抹茶、越橘（苔桃）、麝香葡萄、靜岡蜜柑、甲州葡萄、京柚子、甲州蜜桃等七種口味，貼心提供半條的尺时，是送禮的最佳選擇。

價格：富士山羊羹半條￥1250

20 富士山乾菓子

東京屋製菓自昭和初年便落腳在富士吉田，一直深受地方居民愛戴。一系列菓子中，屬色彩鮮豔的乾菓子特別突出。富士山造型的包裝，也深受觀光客的喜愛。細緻口感入口即化，感受甜蜜後再來口咖啡或濃茶，最能感受乾菓子的美妙滋味。

價格：乾菓子（富士山）￥540

21 富士山砂粒
ふじさんのじゃり

富士山的砂粒是一款可作早餐或點心的無麩質燕麥片。三角形的包裝結合富士山意象，內包裝含有玄米、雜糧米、堅果和乾果，不僅可以搭配牛奶，還可以作為優格或冰淇淋的配料，每天都能輕鬆享用。

價格：富士山のじゃり￥540

22 各式小點心

來到富士山區域，各地的伴手禮區都能找到這幾樣限定產品。不管是以富士山為形為小餅干、巧克力，或是知名菓子廠牌與知名卡通人物聯名推出的地方限定版零食，每一樣都很受觀光客歡迎，價錢不貴，帶回家送禮最適合。

價格：各品項不一

(23) 玉米沙拉醬

山梨縣生產玉米，旅之駅的專用品牌「MEGU」以山梨縣產的玉米與白葡萄酒醋調合出味道濃郁且美味宜人的生菜沙拉醬。醬料中的玉米粒增添了蔬菜的色彩，讓人享受到玉米獨特的風味。搭配煮熟的馬鈴薯或花椰菜都非常適合。

價格：コーンドレッシング ¥550

(24) 富士山綠茶

靜岡是日本產綠茶的大縣，品質好、口味甘醇，適口性極佳。為了推廣綠茶，特別以可愛的富士山與茶女的裝扮結合，設計成人人都可以接受的茶包，讓人可以輕鬆接近日本茶。

價格：富士山靜岡綠茶 ¥500

(25) 餺飥麵
ほうとう

在各地土特產店都可以買到餺飥麵，當地人可都是在家自煮享用。而MEGU 這款則是結合當地製麵所加上地產「玉米」特製而成的玉米餺飥麵，可是旅之駅的獨賣商品。一包有 2 人分，帶回家後加入蔬菜一同熱煮，起鍋前再加入調味包，便能在家完美復刻河口湖名物。

價格：もろこしほうとう ¥550

(26) 威士忌

富士山腳下 50 年歷史的「富士御殿場蒸溜所」採用山頂積雪融化而成的伏流水，經火山岩層過濾，形成口感甜美的軟水。威士忌名人田中城太擅長調和完美元素，其代表作品「富士山麓 Signature Blend」多次獲得殊榮，送禮自用兩相宜。

價格：富士山麓 Signature Blend ¥6780

(27) 鳴沢菜時雨煮
鳴沢菜のしぐれ

連在地人都激推的地產伴手禮。獨特的鳴澤菜香非常美味且備受好評不僅可以放在熱騰騰的白飯上享用還可以作為佐酒的絕佳下酒菜。這道山珍佳餚一定會讓味蕾大為滿足。

價格：220 克 ¥855

(28) 芥末鹽
わさび塩

靜岡是芥末的生產地之一。カメヤ這款鹽粉結合地道的靜岡產芥末，帶著濃厚的昆布風味，呈現出深邃迷人的口感，適合天婦羅、燒烤串燒、冷豆腐等日式料理，同時也很適合搭配牛排或烤魚。無論是各種料理，都能為其增添芥末清新的風味。

價格：芥末鹽 ¥415

拜訪富士山的基礎交通

完全解析！

富士山區域位在關東與關西中間，可再細分為北麓的山梨、南麓的靜岡與隔座山的箱根。雖然區域廣大，由於是日本人心目中的精神指標，每年夏季更是吸引老老少少、本國人外國人前來朝聖，所以周邊交通設施齊全，且周邊湖區氣候舒適，風景優美，住宿設施、遊樂活動等更是多元，是日本人的度假聖地，故不論是搭乘鐵道、坐巴士，甚至是自己開車前往都不算太難。從台灣前往富士山區域，可利用東京的機場為主要進出口，經由東京的羽田、成田機場至富士各地的交通便捷且容易，也可以順便安排東京購物行程，滿足旅行的所有願望。若是從靜岡機場、中部國際機場等進入，距離較遠一些但也還算方便，若訂不到東京的機票不妨考慮這兩個候補的機場。

若是一抵達日本，就想要直奔富士山的懷抱，建議可以考慮搭乘直達巴士，因為可以放置行李，又不必轉車，比較方便。若是想要體驗鐵道魅力，將鐵道旅行結合富士山巡遊，串聯起各大樞紐城市，更可以一次玩盡富士山風情。而富士山周邊高原、湖泊眾多，在悠閒的鄉間開車也是十分享受的事情，若可以適應右駕，並事先在台換好駕照日文譯本的話，不妨嘗試開車自駕遊，跳脫一般旅遊模式，直達秘境尋找自己心目中的聖山風景。

TOYOTA Rent a Car
Follow Me!

富士山自駕遊

富士山周邊的道路環山而設，爽朗的高原氣候、微透的陽光，道路時而彎蜒時而爬升，一路可看的景緻豐富，加上從車窗望出去的富士山景讓人精神一振，要說這是全日本最適合開車兜風的地方也不為過。

租車流程

① 申請駕照日文譯本

事先在台灣申請駕照日文譯本，只要到鄰近的監理站，程序十分簡單，付 100 元工本費，輕輕鬆鬆，不到 10 分鐘就完成。

② 線上訂車

選定了租車公司、時間及地點後，接下來就可以在網路上預約了，日文及中文頁面步驟相同，中文頁面使用起來十分得心應手。在每輛車資訊處有寫幾人乘坐，如果行李體積龐大，建議也一併列入考量。台灣僑興旅行社也提供 toyota 租車服務，需要專人服務可洽 ☎ (02)2511-6188

③ 實地取車

依預約時間到達租車公司，提供台灣駕照、駕照日文譯本，必要時須出示旅遊證件及信用卡備查。仔細閱讀租車契約，包括租車條款、租金、保險範圍，並簽訂契約。由職員陪同檢查及確保車子沒有問題，並注意車身是否有刮痕，如果發現有刮痕，要對方在合約內記載，釐清權責。基本上車子都會附上衛星導航，如果不曉得如何使用也要在這時請職員說明使用方法。最後確認油箱是滿的即可出發！

④ 還車

還車時必須加滿汽油，並附上加油收據作為證明，否則租車公司會收取較市價高的油費。在日本加油，請學會「滿タン (man-tan)」，也就是「加滿」的日語，並將貼在方向盤旁的油種標示紙指給服務人員看，一般為「レギュラー (regular)」，服務人員就會把油加滿。最後在職員陪同下驗車，如果車身在交還時有明顯刮痕、機件故障或是其他問題，租車公司會依照條款收費。

實際上路

實際上路後，卻發現不知道該怎麼加油、該怎麼使用衛星導航、該注意些什麼，或是該在何處補給糧食與休息嗎？現在就來一一為你解答吧！

左側行駛

日本與台灣的車子不僅方向盤的位置相反，而且是靠左行駛。雨刷和方向燈的控制也和台灣相反，往往在慌亂中就會誤打。

遵守交通規則

日本國道和高速道路都有監視攝影，雖然數量不多，但是罰款金額相當可觀。若被快速照相，有可能會被警察追截或直接將罰款單寄往租車公司，並於信用卡扣除款項。另外，違規停車罰款由日幣 15,000 元起。

保持安全距離

日本的道路筆直，往往大家開車會越開越快，這時候保持安全距離就格外重要。台灣人開車習慣往往會緊貼著前面一輛車，可是這在高速行駛的時候就非常危險，一有閃失傷亡就很嚴重。

禮讓行人

日本有很多路口在綠燈的時候，同時容許車輛轉彎和行人穿越，所以原則上都必須讓行人先行。

保險

租車費用中所包含的強制保險包含強制汽車責任險與車體損害險，若發生交通事故，賠償金會由保險公司依投保額度來支付，駕駛者則須負擔賠償金支付後的餘額，另外還要自付免責額 (NOC, Non Operation Charge)。免責額包含對物、對車的自付額，若是遇到事故後車子無法開的時候，最多需負擔￥15,000。想要行車更有保障也可額外加入任意保險，遇到事故時可省除免責額費用，每日的保險費用約￥1,050~2,100 不等。

路口右轉

在十字路口右轉時，即使是綠燈，也要等對面行車線轉為紅燈，或讓對面的車輛通過或是停下來方可右轉。需要右轉時在兩條線中間等候，等對面行車線沒有車或是換燈號時才通過。在市區裡頭往往有些禁止右轉的標示是畫在地面上，要特別小心。

穿越火車平交道

公路和鐵軌交會的地方，當有火車經過時，平交道兩側的柵欄會放下，因此要確認有足夠的時間和空間方可穿越，萬一卡在軌道上，要馬上下車啟動附近的緊急停車鈕，否則會釀成大禍。

緊急求助

很多路標下方會加設指示牌，顯示所在地內相關的道路情報中心的電話號碼。遇到緊急狀況，可致電給他們，或是租車公司、JAF 的緊急救援電話尋求援助。

JAF 道路服務救援專線

電話：0570-00-8139

冬天駕駛

雪地行車有一定的危險度，因此還是建議沒有積雪的季節租車，如果要嘗試的話，記得先確定好打滑、冰面、積雪過厚等冬季行車狀況的可能性。

注意野生動物

富士山區域有些些路段會有野生動物出現，因此看到標示時，放慢速度，避免引起事故。一則減少動物傷亡，二來有些動物體積龐大，大些重達 100 公斤，如果撞倒牠們，人員的傷亡也就在所難免。

各地快速自駕指南

若要自駕前往富士山地區，從關東前往主要是以河口湖・山中湖 IC、小田原西 IC 為中心，從關西方面前往，則以御殿場 IC 為玄關口。

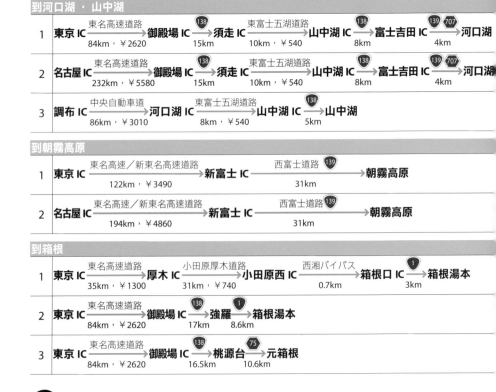

到河口湖・山中湖

1. 東京 IC —東名高速道路 84km，¥2620→ 御殿場 IC —(138)→ 須走 IC —東富士五湖道路 10km，¥540→ 山中湖 IC —(138)→ 富士吉田 IC —(139)(707)→ 河口湖
   15km   8km   4km

2. 名古屋 IC —東名高速道路 232km，¥5580→ 御殿場 IC —(138)→ 須走 IC —東富士五湖道路 10km，¥540→ 山中湖 IC —(138)→ 富士吉田 IC —(139)(707)→ 河口湖
   15km   8km   4km

3. 調布 IC —中央自動車道 86km，¥3010→ 河口湖 IC —東富士五湖道路 8km，¥540→ 山中湖 IC —(138)→ 山中湖
   5km

到朝霧高原

1. 東京 IC —東名高速／新東名高速道路 122km，¥3490→ 新富士 IC —西富士道路(139) 31km→ 朝霧高原

2. 名古屋 IC —東名高速／新東名高速道路 194km，¥4860→ 新富士 IC —西富士道路(139) 31km→ 朝霧高原

到箱根

1. 東京 IC —東名高速道路 35km，¥1300→ 厚木 IC —小田原厚木道路 31km，¥740→ 小田原西 IC —西湘バイパス 0.7km→ 箱根口 IC —(1) 3km→ 箱根湯本

2. 東京 IC —東名高速道路 84km，¥2620→ 御殿場 IC —(138) 17km→ 強羅 —(1) 8.6km→ 箱根湯本

3. 東京 IC —東名高速道路 84km，¥2620→ 御殿場 IC —(138) 16.5km→ 桃源台 —(75) 10.6km→ 元箱根

深祕神山，富士巡禮之路4+

周遊五湖全景之路、橫貫富士南麓天空之路、直上五合目星雲之路及環富士山路線，一路皆可見流動不息神山絕景。

富士巡禮之路 01 富士全景之路
Fuji Panorama Line

行駛富士山北麓的富士全景之路自山中湖村為起點，至靜岡縣富士宮市山麓的朝霧高原，沿途可見富士五湖地區、忍野八海、御師住宅、北口本宮富士及河口淺間神社、青木原樹海等多處富士山的文化資產。經朝霧高原向南續行國道139號，另可見人穴富士講遺跡和白系瀑布。

【info】國道 138 — 國道 139

富士巡禮之路 02 富士星雲之路
Fuji Subaru Line

備受喜愛的富士星雲之路，道路總長約 30 公里，最高可抵達海拔 2305 公尺的富士山五合目。道路峰迴路轉，景致流變，隨著海拔漸高，所見之處皆是寒青蒼綠的松杉。沿途文化資產則有富士御室淺間神社、船津及吉田胎內樹型，並可遠眺吉田口登山道。

【info】山梨縣道 707

富士巡禮之路 03 富士天空之路
Fuji Sky Line

橫越富士南麓的收費山岳道路「表富士周遊道路」，別名富士天空之路，總長約 34.5 公里，路線最高可至海拔 2380 的富士宮口五合目，是自駕可抵達的最高地點。夏季可由靜岡縣御殿場市直通至富士宮市。天氣若是晴朗無雲，一路上可遠眺駿河灣、靜岡市街和伊豆半島。

【info】靜岡縣道 23 — 靜岡縣道 152 — 靜岡縣道 180

富士巡禮之路 04 富士山環遊路線
Fuji Circuit Route

富士山環遊路線自靜岡縣御殿場市開始，向北行駛國道 138 號及國道 139 號，前半部路線與富士天空之路重疊；經朝霧高原南下至靜岡縣富士宮市本門寺東，向東轉往別名「富士南麓道路」的國道 469 號，橫越富士山南麓與愛鷹山之間的鞍部；最後抵達環遊路線的起點，結束環遊之旅。

【info】國道 138 — 國道 139 — 國道 469

搭大運輸

來到靜岡再轉接巴士，或搭乘直達巴士直達各地。面前往的交通最為便捷，從關西、名古屋等方面也可利用新幹線達巴士與鐵道可以選擇，從東京方若要搭乘大眾運輸交通工具，有直

到河口湖

1	新宿駅	JR 特急あずさ／かいじ 1 小時，￥2360 →	大月駅	富士急行線 45 分，￥1170 →	河口湖駅
2	新宿駅	特急「富士回遊」* 一天四班 2 小時，￥4130 ———————————————→			河口湖駅
3	新宿駅	小田急特急ふじさん 1 小時 30 分，￥2920 →	御殿場駅	富士急巴士 1 小時 15 分，￥1710 →	河口湖駅
4	新宿 BT	富士急行高速巴士／京王巴士 1 小時 45 分，￥2200 ———————————→			河口湖駅
5	東京駅八重洲南口 BT	JR 巴士／富士急行高速巴士 2 小時 10 分，￥2060/2200 ————————→			河口湖駅
6	羽田空港	京濱急行機場巴士 / 富士急高速巴士 * 僅周末、假日運行，一天一班 2 小時 45 分，￥2520 ————————————————→			河口湖駅
7	名古屋名鐵 BT	名鐵巴士 * 僅周末運行，一天一班 4 小時 20 分，￥4500 ————————————→			河口湖駅
8	大阪駅前	近鐵巴士／富士急高速巴士 * 夜行巴士 10 小時 25 分，￥7700 ————————————→			河口湖駅
	京都駅八条口	近鐵巴士／富士急巴士 * 夜行巴士 9 小時 20 分，￥7200 ————————————→			河口湖駅

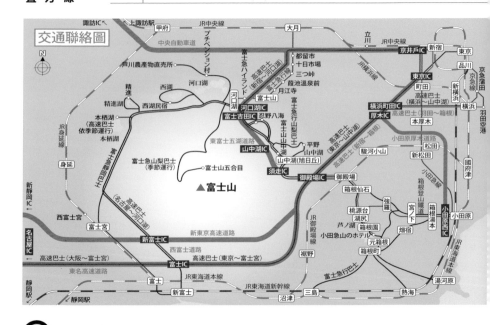

交通聯絡圖

到山中湖

| 1 | 新宿駅 | JR 特急あずさ／かいじ
1 小時，￥2360 | → | 大月駅 | 富士急行線
50 分，￥1040 | → | 富士山駅 | 富士急山梨巴士
30 分，￥740 | → | 山中湖 BT
(旭日丘) |

| 2 | 新宿駅 | 小田急特急ふじさん
1 小時 30 分，￥2920 | → | 御殿場駅 | 富士急山梨巴士
40 分，￥1130 | → | 山中湖 BT(旭日丘) |

| 3 | 新宿西口 BT | 富士急行高速巴士／京王巴士
2 小時 15 分，￥2600/2300 | → | 山中湖 BT(旭日丘) |

| 4 | 東京駅八重洲南口 BT | JR 巴士／富士急行高速巴士
2 小時 35 分，￥2390/2600 | → | 山中湖畔 |

| 5 | 名古屋駅 | JR 東海新幹線
1 小時 45 分，￥8440 | → | 三島駅 | 富士急城市巴士
1 小時 5 分，￥2200 | → | 山中湖畔 |

到御殿場

| 1 | 新宿駅 | 小田急特急ふじさん
1 小時 30 分，￥2920 | → | 御殿場駅 |

| 2 | 新宿駅西口 | 小田急箱根高速巴士
1 小時 40 分，￥1800 | → | 御殿場駅 |

| 3 | JR 名古屋駅 | JR 東海新幹線
1 小時 45 分，￥8440 | → | 三島駅 | 富士急城市巴士
55 分，￥1140 | → | 御殿場駅 |

| 4 | 新宿駅南口 | JR 巴士
1 小時 35 分，￥2000 | → | 御殿場 PREMIUM OUTLET |

| 5 | 東京駅八重洲南口 | JR 巴士
1 小時 25 分，￥2000 | → | 御殿場 PREMIUM OUTLET |

到富士宮

1	**東京駅** —JR 東海新幹線→ **靜岡駅** —JR 特急ふじかわ→ **富士宮駅** 全程 2 小時 25 分，¥8420			

1 東京駅 ──JR 東海新幹線──→ 靜岡駅 ──JR 特急ふじかわ──→ 富士宮駅
全程 2 小時 25 分，¥8420

2 東京駅 ──JR 東海新幹線──→ 三島駅 ──JR 東海道本線──→ 富士駅 ──JR 身延線──→ 富士宮駅
全程 2 小時 7 分，¥4930

3 東京駅八重洲南口 ──JR 巴士／富士急靜岡巴士──→ 富士宮駅
2 小時 35 分，¥3000

4 名古屋駅 ──JR 東海新幹線──→ 靜岡駅 ──JR 特急ふじかわ──→ 富士宮駅
全程 1 小時 50 分，¥8420

5 大阪駅前 ──近鐵巴士／富士急高速巴士 ＊夜行巴士──→ 河口湖駅
8 小時 50 分，¥6400

京都駅八条口 ──近鐵巴士／富士急高速巴士 ＊夜行巴士──→ 河口湖駅
7 小時 45 分，¥5900

到箱根

1 新宿駅 ──小田急ロマンスカー──→ 箱根湯本駅 ──箱根登山巴士──→ 箱根町港
1 小時 45 分，¥2470　　45 分，¥1080

2 東京駅 ──JR 特急踊り子──→ 小田原駅 ──箱根登山巴士──→ 箱根町港
1 小時，¥2540　　1 小時，¥1340

3 名古屋駅 ──JR 東海新幹線ひかり──→ 小田原駅 ──箱根登山巴士──→ 箱根町港
1 小時 10 分，¥9100　　1 小時，¥1340

4 名古屋駅 ──JR 東海新幹線こだま──→ 小田原駅 ──箱根登山巴士──→ 箱根町港
2 小時，¥9100　　1 小時，¥1340

5 羽田機場 ──小田急高速巴士／京濱急行機場巴士──→ 箱根仙石案內所
2 小時 30 分，¥2500

6 羽田機場 ──小田急高速巴士／京濱急行機場巴士──→ 箱根桃源台
2 小時 45 分，¥2600

富士區域交通

由於富士山構成資產四散各處，在富士區域的各景點間移動，除了自駕之外，以路線巴士順遊世界文化遺產最為方便。富士區域的巴士全由富士急巴士包辦，有許多路線與優惠票券，可以依自己的行程來做組合。

河口湖・西湖周遊巴士
レトロバス・オムニバス

從河口湖駅出發，約每隔 20 分便有一班的河口湖・西湖周遊巴士，可愛復古的車身吸引許多觀光客搭乘並拍照留念。其中オムニバス款更是由水戶岡銳治設計，引起不小話題。搭上這班車，可以巡遊在河口湖至西湖之間各大觀光地，像是カチカチ山ロープウェイ、河口湖遊覽船、オルゴールの森、河口湖美術館、西湖いやしの里等都是推薦順遊景點。

價格：車資依距離而增減，￥150～。
班次：9:00~18:00 間，約每 15~40 間隔便有一班車

河口湖・西湖・本栖湖周遊 Coupon
可口湖・西湖・本栖湖周遊クーポン
價格：1 日券￥1500、2 日券￥2000
期限：購買後期限內無限搭乘河口湖・西湖・本栖湖周遊巴士
販售地點：河口湖駅前、巴士上

富士湖號
ふじっ湖号

以路面電車的外型吸引眾人目光的富士湖號，主要巡遊在富士吉田、忍野至山中湖一帶，從河口湖發車，沿路經過富士山レーダードーム館、紅富士の湯、忍野八海、花の都公園等都是必遊名勝，一天 11 班次，算玩忍野山中湖十分方便的一台交通工具。

價格：車資依距離而增減，￥150～。
班次：6:50~17:15 約每小時 1 班從河口湖駅發車，各班停靠站稍有不同，詳情請洽官網

富士吉田・忍野八海・山中湖區域共通 Free Coupon
富士吉田・忍野八海・山中湖エリア共通フリークーポン
價格：1 日券￥1500、2 日券￥2000
期限：購買後期限內無限搭乘富士湖號所有路段
販售地點：富士山駅前、山中湖旭日丘巴士窗口、巴士上

箱根區域交通

很少有一個地方，可以因為交通動線而成為一個主題旅遊，但在箱根，光是領略此地的交通工具就有很大的旅遊樂趣了！整個箱根地區的交通工具，由山下一路往上依序是：登山電車、登山電纜車、空中纜車、登山觀光船與登山巴士。如果再加上由東京前往箱根的小田急浪漫列車，足足有6種呢

箱根登山電車（鐵道線）

由小田原到強羅，全長 15 公里，行駛時間卻要 53 分鐘。嗯～走得還真給它有點慢，但你可不要嫌喔，因為這條登山鐵道是全日本爬坡度最陡的，它可是代替了你的雙腳，奮力的在爬山呢。

箱根登山電車（鋼索線）

由強羅直駛早雲山，車程只要 9 分鐘，中間卻有 4 個站：公園下、公園上、中強羅、上強羅。基本上，這種列車能夠前進是靠又粗又重的纜繩的拉力，而不是靠柴油或電力；此外，由於山壁太過急陡，一般車廂無法行駛，所以將車廂設計成階梯狀，以利平穩運行。

箱根空中纜車

在所有交通工具中，纜車最有旅遊情趣了，他讓遊客的旅遊視野由平面轉為立體、也讓遊客的視線變成 360 度的無限寬廣。就像箱根空中纜車，由於他的路線正位於芦ノ湖畔的山坡地上空，坐上它，你就可以將芦ノ湖周邊的湖光山色盡收眼底，運氣好碰上了晴朗日子，甚至還可看見富士山呢。

芦ノ湖遊覽船

芦ノ湖是箱根地區最熱門的景點，不只是因為這兒可以遠眺日本的精神象徵—富士山，更因為嫵媚多情的山光水色。芦ノ湖上有兩種遊覽船，一種是雙層白色遊艇，另一種就是最有人氣的海賊船。這種將單純的遊船活動給擬人化、故事化的點子，讓人不得不佩服日本人的生意頭腦。

箱根登山巴士

箱根地區最基本、路線最密的交通工具。如果你嫌一直換車很麻煩，其實也可以一路搭乘巴士。由於箱根的開發程度越來越深越來越廣，有部分景點也只有巴士可以到達，但由於這兒離東京頗近，不僅外國觀光客多，本地遊客也不少，每到尖峰時間，乘坐巴士還是難免會遇上塞車車潮，雖然一券在手就可無限次數的搭乘各式交通工具，但在規劃行程時，進出時間還是要稍作盤算，以免陷在車陣中。

優惠票券

箱根周遊券
箱根フリーパス

箱根周遊券可說是「一券到底」的箱根旅行護照，可無限次搭乘串聯箱根的 8 種交通工具。包含從東京到小田原的來回特急車票 (小田急列車 VSE)、時間內不限次數搭乘箱根區域內的箱根登山列車、箱根登山巴士、箱根登山纜車、箱根空中纜車、箱根海賊船、小田急箱根高速巴士、設施巡迴巴士、沼津登山東海巴士。

價格：新宿出發 2 日券成人￥6,100、兒童￥1,100，3 日券成人￥6,500、兒童￥1,350
販售地點：小田急鐵道沿線車站自動販賣機、箱根鐵道各站，JTB、近畿旅行等各大旅行社
網址：www.odakyu.jp/tc/passes/hakone/ (中文)

箱根登山電車一日券
箱根登山電車 1 日乗車券「のんびりきっぷ」

價格：￥1,580、兒童￥500
期限：啟用當天內可無限搭乘小田原佔到強羅站的箱根登山電車
販售地點：箱根登山電車各站 (塔ノ沢除外)、小田急小田原旅遊中心、小田急箱根湯本旅遊中心

海賊船 + 箱根空中纜車 Pass
海賊船・ロープウェイ乗り放題バス

價格：1 日券成人￥4,000、兒童￥980，2 日券成人￥4,500、兒童￥980
期限：啟用當天內可無限搭乘箱根空中纜車與箱根海賊船
販售地點：箱根海賊船各港口、箱根空中纜車各車站

伊豆箱根巴士通票
箱根バスフリー

價格：1 日券成人￥2,500、兒童￥1,250，2 日券成人￥3,000、兒童￥1,500
期限：可在票券使用範圍內，無限搭乘箱根町內的伊豆箱根巴士
販售地點：伊豆箱根巴士各案內所

富士山 山上×山下 玩一圈

從河口湖到伊豆半島、箱根，
交通票券 × 食宿玩買 × 行程串聯 × 打卡秘境
超級全攻略

作者墨刻編輯部
主編呂宛霖
美術設計羅婕云・許靜萍（特約）
封面設計羅婕云
地圖繪製墨刻編輯部

執行長何飛鵬
PCH集團生活旅遊事業總經理暨墨刻出版社長李淑霞
總編輯汪雨菁
行銷企畫經理呂妙君
行銷企畫主任許立心

出版公司
墨刻出版股份有限公司
地址：115台北市南港區昆陽街16號7樓
電話：886-2-2500-7008／傳真：886-2-2500-7796
E-mail：mook_service@hmg.com.tw
發行公司
英屬蓋曼群島商家庭傳媒股份有限公司城邦分公司
城邦讀書花園：www.cite.com.tw
劃撥：19863813／戶名：書虫股份有限公司
香港發行城邦（香港）出版集團有限公司
地址：香港九龍土瓜灣土瓜灣道86號順聯工業大廈6樓A室
電話：852-2508-6231／傳真：852-2578-9337
E-mail：hkcite@biznetvigator.com
城邦（馬新）出版集團 Cite (M) Sdn Bhd
地址：41, Jalan Radin Anum, Bandar Baru Sri Petaling,
57000 Kuala Lumpur, Malaysia.
電話：(603)90563833／傳真：(603)90576622／
E-mail：services@cite.my
製版・印刷漾格彩印股份有限公司
ISBN978-626-398-029-7・978-626-398-026-6 (EPUB)
城邦書號KX0061 **初版**2024年7月
定價420元
MOOK官網www.mook.com.tw/wp/
Facebook粉絲團
MOOK墨刻出版 www.facebook.com/travelmook
版權所有・翻印必究

國家圖書館出版品預行編目資料

富士山×山上山下玩一圈：從河口湖
到伊豆半島、箱根，交通票券×食宿
玩買×行程串聯×打卡秘境超級全攻
略 /墨刻編輯部 作; -- 初版. -- 臺北市
: 墨刻出版股份有限公司出版 : 英屬蓋
曼群島商家庭傳媒股份有限公司城邦
分公司發行, 2024.7
160面 ; 14.8×21公分. --
(Theme; 61)
ISBN 978-626-398-029-7(平裝)

1.旅遊 2.日本
731.9   113007443